Konrad Irslinger / Christa Straub

»Von Hosanna bis Halleluja«

Gottesdienste von Palmsonntag bis Ostermontag

HERDER
FREIBURG · BASEL · WIEN

Zur Autorin und zum Autor:

CHRISTA STRAUB, Jahrgang 1953, Diplom-Pädagogin, Supervisorin. Jugendreferentin in der Region Hochrhein und Referentin für Junge Erwachsene in der Erzdiözese Freiburg. Weiterbildungen im Bereich Einführungen in das Herzensgebet, Meditationsleiterin. Seit 1997 als Gemeindereferentin Aufbau der ökumenisch orientierten Gemeinde St. Maria Magdalena im neu entstandenen Stadtteil Freiburg-Rieselfeld. Seit 2017 im Ruhestand.

KONRAD IRSLINGER, Jahrgang 1949, Studium der katholischen Theologie in Freiburg und Paris, Priesterweihe 1976. Jugendseelsorger auf Diözesanebene. Weiterbildung in Geistlicher Begleitung und Exerzitienarbeit. Seit 1997 Aufbau der ökumenisch orientierten Gemeinde St. Maria Magdalena im neu entstandenen Stadtteil Freiburg-Rieselfeld. Seit 2016 ist er im Ruhestand.

MIX
Paper from responsible sources
FSC® C010798
FSC www.fsc.org

www.herder.de

Umschlaggestaltung: wunderlichundweigand
Umschlagmotiv: © Sigrid Striet / Konrad Irslinger

Satz: post scriptum, Vogtsburg-Burkheim
Herstellung: Graspo CZ, Zlín

Printed in the Czech Republic

ISBN 978-3-451-38383-0

Inhalt

Vorwort

Wie Liturgie gefeiert wird, verändert sich immer wieder. Die Erfahrungswelten von Menschen bleiben nicht gleich. Wer sich im dritten Jahrtausend des Lebens Jesu und seines grauenhaften Leidens erinnert, wird dies durch eigene Erfahrungen gesättigt tun. Aber, christlich Gottesdienst zu feiern, bedeutet immer das Gedächtnis Jesu zu begehen. Ja mehr noch: Zu vergegenwärtigen, dass Gott selbst als Mensch in die Geschichte der Menschheit eingegangen ist.

Damit fügt man sich in eine noch viel ältere Glaubensgeschichte ein. Jesus war Jude, und er hat sein Judesein nie aufgegeben. Er ist groß geworden in dem Glauben, den Generationen vor ihm gefasst hatten. Immer wieder wurde Israel aufgerieben durch politische Großmächte. Und nach innen rang man um Fragen sozialer Gerechtigkeit. Gott aber, so der Glaube, will ein anderes Leben. Keine Sklaverei will dieser Gott, sondern Freiheit und Gerechtigkeit in den sozialen Verhältnissen. Und gleichzeitig ist dieser Gott einer, der sich an der Freude des Menschen erfreut. Deshalb ist es richtig, daran zu erinnern, dass es die Freude am Dasein ist, die den Kern dieses Glaubens bildet. Der Frühling wird alljährlich von Menschen ersehnt, als Jahreszeit – und auch metaphorisch, als Neuaufbruch. Der Gott Israel verheißt einen ewigen Frühling. Als Retter und Tröster. Deshalb können Menschen, die an diesen Gott zu glauben vermögen, auch selbst immer wieder neu riskieren aufzubrechen. Was gelingt, das gelingt; und was scheitert, so die Zuversicht, wird Gott noch zu einem guten Ende führen.

Zugleich gibt es keine andere Religion, die so stark den Zweifel genährt hat, ob dieser Gott überhaupt existiert. Das Schweigen Gottes angesichts der Widrigkeiten in seiner Schöpfung ist unüberhörbar. Auch Jesus, der so energisch für diesen Gott des Lebens geworben hat, stirbt im Evangelium des Markus mit einem Verlassenheitsschrei: Wozu hast Du mich verlassen?

Jesus wollte nicht sterben. Aber er ist auch dem Konflikt nicht aus dem Weg gegangen, als immer drastischer gefragt wurde, ob man so von Gott reden dürfe, wie er es getan hat. Mit dem Todesschrei Jesu trat Stille ein. Verzweiflung machte sich bei denen breit, die so auf ihn gesetzt hatten. Und dann keimte österliche Hoffnung auf. Nein, Gott hat den Zeugen seiner Liebe nicht im Stich gelassen, sondern ihn zu neuem Leben erweckt. Aus diesem Glauben heraus ist eine Bewegung entstanden, die bis heute existiert. Sehr unterschiedlich teils, aber doch in einem Glauben geeint: Jesus lebt. Und wie er, so werden auch alle anderen Menschen von Gott gerettet werden.

Als ich zum ersten Mal die Kar- und Ostertage im Ökumenischen Zentrum Rieselfeld mitfeierte, war ich überrascht und berührt. So kannte ich die Liturgie nicht. Aber sie konzentriert sich auf das, um das es gehen muss: Auf den Gott, der so menschenvernarrt ist, dass er selbst Mensch wird und so um sich wirbt. Jesus hat einen grauenhaften Preis dafür gezahlt. Er hat am eigenen Leib die Erfahrungen gemacht, die Menschen machen – von Glück und Niedergeschlagenheit und was es kosten kann, um Menschlichkeit zu kämpfen.
Ich wünsche diesem Buch viele neugierige Leserinnen und Leser. Einige werden irritiert sein. Andere werden sehr aufmerksam werden und beginnen, sich zu fragen, was sie eigentlich über die Kar- und Ostertage feiern und was dies für sie bedeutet. Letzteres kann durchaus unterschiedlich ausfallen und darf dies auch. Vorausgesetzt nur, dass der Glaube solidarisch bleibt mit den Lebenden und den Toten.

Magnus Striet

Abkürzungen der Rollen:

L: Leiterin oder Leiter
P: Priester
K: Kantorin oder Kantor
S: Sprecherin oder Sprecher
A: Alle

Abkürzungen der Liederbücher:

GL: »Gotteslob«
GLalt: »Gotteslob« von 1975
KiGoLo: »Weil du da bist. Kinder-Gotteslob«
JuGoLo: »Ein Segen sollst du sein. Junges Gotteslob«
U: »Unterwegs«

Einleitung

Die Feier der Kar- und Ostertage ist die Vergegenwärtigung der Mitte unseres Glaubens: Leiden, Tod und Auferstehung Jesu. Ist das nur eine fraglose alljährliche Gewohnheit oder wird dabei die befreiende Gewissheit *spürbar*, dass Leiden und Sterben einen Sinn bekommen kann und dass das Leben letztlich den Tod besiegt?
Die Liturgie dieser besonderen Tage ist mit dem, was nach außen hin sichtbar wird, wie eine große Inszenierung, die das Geschehen in seiner Aktualität erschließen und erlebbar machen will.
Wie kann das noch mehr Gestalt annehmen? – So war unsere Frage.
Wenn wir Ihnen heute dieses Buch vorlegen, dann lassen wir Sie teilhaben an einem Prozess von 17 Jahren, in denen wir in der Gemeinde St. Maria Magdalena in Freiburg-Rieselfeld das Geschehen von Tod und Auferstehung Jesu je neu und aktuell inszeniert haben.

In einem *ersten Teil* stellen wir Ihnen ausgearbeitete Gottesdienstabläufe vor.
Das beginnt mit dem Hosanna des *Palmsonntags*.
Für *Gründonnerstag* haben wir eine Liturgie entwickelt, die die Wurzeln dieser Feier erlebbar macht.
Ein *Kinderkreuzweg und ein Jugendkreuzweg* erschließen in eigener Weise das Geschehen der Karwoche für Kinder und Jugendliche.

Jahr für Jahr haben wir in einer neu zusammengesetzten Gruppe von fünf bis sieben Personen besonders die Gestaltung von *Karfreitag und Osternacht* vorbereitet.
Immer stellten wir uns der Frage:
Wo haben wir in diesem Jahr *Leid und Tod* im persönlichen und gesellschaftlichen Leben erfahren?
Und wo ist uns eine Ahnung von *Auferstehung und neuem Leben* begegnet?
Aus diesen zusammengetragenen Erfahrungen haben wir die Einführungen für den Karfreitagsgottesdienst formuliert.

In einem zweiten Schritt ging es darum, *ein aktuelles Bild und eine Aktion* für die Gottesdienste zu finden, die diese Erfahrungen aufgreifen und zum Ausdruck bringen.

Die Bilder sollten von Leid und Tod, aber auch vom Wandel erzählen, der sich im neuen Leben der Auferstehung vollzieht. Wir haben immer wieder gestaunt, welche Bilder sich jedes Jahr neu aus dem Prozess in der Gruppe heraus eröffnet haben.
Um die Gemeinde als Ganze mit einzubeziehen, haben wir am Karfreitag alle am Gottesdienst Teilnehmenden eingeladen, auf einen Zettel die eigenen Sorgen, Nöte und Anliegen aufzuschreiben und in das vorgestellte Bild hinein zu geben und sich damit zu verbinden. Mitten hinein wird das Kreuz gestellt und somit die Gegenwart Gottes in diesen Situationen präsent gesetzt.
Mit Ostern bekommt das Bild eine neue Qualität: Leid, Not und das Kreuz sind weiterhin da. Ein verwandeltes Bild, die Osterkerze, Blumen und Farben aber erzählen vom Licht der Auferstehung und dem Leben, das stärker ist als der Tod.

Im *zweiten Teil* finden Sie für Karfreitag und die Osternacht weitere Einführungen, Bilder, Aktionen und Predigten, die das Grundmodell der jeweiligen Liturgie variieren und aktualisieren. Besonders bei den Einführungen zum Karfreitag geht es darum, aktuelle Bezüge aus dem gesellschaftlichen und politischen Leben aufzugreifen.

Die Bilder und Materialen haben wir aus unserer Umgebung aufgegriffen. Wir sind auf einer Baustelle eingezogen. Deshalb finden sich Baustahlmatten, Backsteine, große Kiesel aus der Baugrube und Ähnliches.
Diese Bilder regen an, das eigene Umfeld aufmerksam wahrzunehmen, Bilder und Materialien daraus aufzugreifen und in aktuelle Bezüge zu stellen.
Bild und Aktion müssen natürlich auf die jeweiligen Möglichkeiten des Gottesdienstraumes angepasst bzw. verändert werden.

Die Elemente der Gottesdienstvorlagen sind sowohl in katholischen als auch evangelischen Gottesdiensten einsetzbar, auch in Wort-Gottes-Feiern.
Auf der letzten Seite finden Sie den Hinweis, wie Sie die Downloadmaterialien herunterladen können.

Freiburg im Breisgau, im August 2018 *Konrad Irslinger / Christa Straub*

Dank

Gemeinde lebt von vielen ehrenamtlichen Mitarbeiterinnen und Mitarbeitern, die bereit sind, ihre Ideen und ihre Zeit einzubringen.
Wir danken allen, die in den Jahren 2000–2016 in der Vorbereitungsgruppe für die Kar- und Ostertage mitgewirkt haben:

Rita Ambs, Regine Anheier-Buchholz, Dorothea Bauer, Agi Bensching, Hedi Aster-Bröker, Regina Braus, Benedikt Bruder, Nadine Bruder, Barbara Denz, Monika Dinger, Rainer Eisenkolb, Regina Eisenkolb, Annette Geers, Klaus Goldmann, Christian Grünheid, Barbara Hagelschuer, Christoph Huber, Susanna Huber, Blandina Kalmbach, Thomas Kaltenbach, Harald Kiefer, Werner Kleiser, Klaus Konrad, Wolfgang Laifer, Monika Loddenkemper, Peter Lutz, Nico Maisano, Hilde Menze, Elmar Muhler, Stefan Orth, Georg Payer, Regina Pfeiffer-Muhler, Rafael Poszgai, Marc Riede, Uschi Roloff, Michael Ruhnau, Maria Santos Nunier, Oliver Schieffer, Gabi Schmidhuber, Wolfgang Schmusch, Agnes Schneider-Weis, Ellen Schönberger, Michaela Schöpflin, Tatiana Schöpflin, Christoph Söffge, Eva Söffge, Franz Stefan, Sigrid Striet, Bärbel Teichert, Beate Thoma, Melanie Thoma, Ernst Thomann, Martin Weidner, Ursula Wetzel, Martina Würde.

Für die Umsetzung waren wir dankbar für die Hilfe und die praktischen Ideen unseres Mesners Stefan Bröker. Ebenso danken wir den Frauen, die für den Blumenschmuck sorgten. Ein weiterer Akzent waren die thematisch gestalteten Osterkerzen von verschiedenen Teams. Sigrid Striet danken wir für die Fotos.

Konrad Irslinger / Christa Straub

I.
Gottesdienste von Palmsonntag bis Ostermontag

Palmsonntag

Material und Vorbereitung

- großes schwarzes Tuch, um die Palmen zu bedecken
- Tageslichtprojektor mit entsprechenden Folien (Symbolbilder) oder Bilder groß ausdrucken und aufhängen
- Kinder bringen Palmbuschen/Palmzweige mit.

Die Idee

Der Einzug Jesu in Jerusalem bestimmt den Namen dieses Sonntags. So beginnt der Gottesdienst nach Möglichkeit vor der Kirche. Dort wird auch das Evangelium vom Einzug gelesen.

Ein zweiter Akzent ist das Hören der Leidensgeschichte Jesu in der Kirche. Auf die Lesungen wird im Blick auf die meist zahlreichen Kinder verzichtet.

Mit den beiden Evangelien – bejubelter Einzug Jesu in Jerusalem einerseits und Kreuz und Tod Jesu andererseits – wird ein Spannungsbogen geschaffen, der den Beginn der Heiligen Woche markiert.

Oft wird der Palmsonntag als Familiengottesdienst gefeiert. Dafür gibt es zwei Varianten:

- Variante 1: ein Zwiegespräch, das das Geschehen in Jerusalem reflektiert.
- Variante 2: eine Gegenüberstellung von Symbolbildern: »Jesus ist ein anderer König«.

Beide Varianten verzichten auf das Lesen der Passion. Es wird mehr der Einzug Jesu im Blick auf die Kinder entwickelt und so diesem Ereignis ein eigener Stellenwert zugeschrieben. Der weitere Weg Jesu kommt dennoch zur Sprache. Diese Varianten können dann mit der Gabenbereitung weitergeführt oder mit Fürbitten und Vaterunser als Wortgottesfeier weitergeführt werden.

Familiengottesdienst

Die Gemeinde ist vor der Kirche versammelt.

Begrüßung

L: Ganz herzlich begrüße ich alle, die gekommen sind, den Palmsonntag,
den Beginn der Heiligen Woche zu feiern.
Besonders begrüße ich die Kinder mit ihren bunten Palmzweigen.
Beginnen wir im Namen des Vaters und des Sohnes und des Heiligen Geistes.
Amen.

Beim Einzug nach Jerusalem bringt Jesus den Wunsch zum Ausdruck:
Ich will dieser Stadt den Frieden bringen.
Der Friedenskönig reitet nicht auf einem Schlachtross und kommt nicht in einer goldenen Kutsche. Er reitet auf einem Esel.
Trotzdem rufen die Leute ihm zu: Jesus soll unser König sein!
Es gab ganz viele Menschen, die damals sagten: Jesus ist so ein guter Mensch.
Er kümmert sich um die Armen, Kranken und Bedürftigen.
Er soll unser König sein!
Auch wir haben Zweige in den Händen, um Jesus zu begrüßen und ihn nach Jerusalem zu begleiten.
So bitten wir nun Gott um seinen Segen:

Mächtiger und gütiger Gott,
segne diese Zweige,
die Zeichen des Lebens und des Friedens,
mit denen wir Jesus begrüßen und ihn begleiten
auf seinem Weg nach Jerusalem.
Mit diesen Zeichen der Versöhnung und der Gewaltlosigkeit
bringen wir zum Ausdruck,
dass wir das Schicksal Jesu begleiten wollen:
den Weg des Leidens,
der Ohnmacht, der Geduld und des Sterbens.
Lass diese Zweige für uns auch zum Zeichen werden,
dass deine Liebe größer ist als alles Sterben,
und in allem Scheitern dein Leben neu erblühen kann.
Darum bitten wir durch Christus, unseren Herrn. Amen.

Evangelium

Markus 11,1–10

Ein für Kinder wie auch Erwachsene sehr ansprechender Text des Evangeliums findet sich in: Irmgard Weth, Neukirchener Kinder-Bibel, S. 225 ff, Neukirchen-Vluyn 1988.

L: Jesus zieht in Jerusalem ein.
Die Menschen rufen ihm zu: Hosianna, Hosianna,
das heißt: Rette doch, hilf doch!
Auch wir wollen den Weg Jesu mitgehen.
Auch wir wollen ihn als unseren Retter und Heiland besingen:

Lied

»Jesus zieht in Jerusalem ein« (KiGoLo 233)

Einzug in die Kirche. Die Kinder bleiben vor dem Altar stehen.

Lied

»Singt dem König Freudenpsalmen« (GL 280,1, 4, 5)

Die Kinder legen ihre Palmbuschen/Palmzweige vor dem Altar ab.

Tagesgebet

L: Gott, so sehr hast du die Welt geliebt,
dass du selber Mensch geworden bist in Jesus Christus.
Er ist einen Weg großer Schlichtheit und Einfachheit gegangen,
einen Weg ohne Macht und ohne Gewalt.
Hilf uns, dass wir seinen Weg mitgehen und ihn begleiten.
Lass uns erfahren,
dass unser Leben und sein Leben tief verbunden sind.
Und wenn wir den Weg Jesu auch durch Leid und Tod mitgehen,
dann lass uns mit ihm das neue Leben finden in dir, Gott,
der du Leben bist und Leben schenkst,
heute und in Ewigkeit.
Amen.

Evangelium

Passion nach Markus 15,1–39 (Kurzfassung)

Die Passion wird in drei Abschnitten gelesen.

Markus 15,1–15

Die Palmbuschen/Palmzweige werden mit einem schwarzen Tuch zugedeckt.

Markus 15,15–32

Lied

»O Haupt voll Blut und Wunden« (GL 289,1–2)

Markus 15,33–39

Alternativen zur Passion: siehe unten Varianten 1 und 2.

L: Jesus ist den Weg des Weizenkornes gegangen. So hat er es selbst vorausgesagt. Besingen wir diesen Weg des Weizenkorns:

Lied

»Wer leben will wie Gott auf dieser Erde« (GL 460,1, 3, 5)

Fürbitten

Jesu Macht war seine unendliche Liebe. Im Vertrauen auf diese Macht der Liebe, die alles Böse und sogar den Tod besiegen kann, beten wir:

Liedruf zwischen den Bitten: »Geh mit uns auf unserm Weg« (GL 940[1] Eigenteile Rottenburg/Stuttgart und Freiburg)
Oder: »Du sei bei uns« (GL 182[2])

S 1: Beten wir zu Gott, unserem Vater, der uns in Jesus Christus den Weg gewiesen hat. Zu ihm wollen wir rufen:

S 2: Für uns und die Christen auf der ganzen Welt, die versuchen, den Weg Jesu in ihrem Leben nachzugehen. Gib uns auch in schweren Stunden Kraft und Mut, dabeizubleiben.

Liedruf

S 1: Für alle, die das Leben hart anpackt, für die Opfer von Gewalt und Unrecht, aber auch für die Menschen hier in unserer Stadt (oder: unserer Gemeinde) und an den vielen Orten dieser Welt.
Dass sie nicht verbittern, sondern Wege zum Leben finden.

S 2: Für alle, deren Leben sich abspielt zwischen Freude und Leid, zwischen Hoffnung und Angst: dass sie im Blick auf Jesus immer wieder vertrauen können.

Liedruf

S 1: Für uns und deine ganze Kirche, dass wir den Kindern und Jugendlichen Erfahrungen mit auf den Weg geben, die ihnen helfen, die Spur Gottes in ihrem Leben zu entdecken.

S 2: Wir beten auch für die Kinder, die sich auf die Erstkommunion vorbereiten:
Lass sie tiefer verstehen, was wir als Gemeinde Sonntag für Sonntag feiern.

Liedruf

Jesus Christus, nichts konnte dich hindern, uns deine Liebe zu schenken.
Du wurdest bejubelt und dann als Verbrecher erniedrigt.
Hilf uns zu tun, was du uns aufgetragen hast – jetzt in dieser Feier und in unserem Alltag – bis du wiederkommst in Herrlichkeit.
Amen.

Gabenbereitung

Die schwarzen Tücher werden von den Palmen entfernt. P erklärt, dass wir beim großen Lob- und Dankgebet Tod und Auferstehung Jesu feiern und Gott dafür danken.

Lied

»Beim letzten Abendmahle« (GL 282,1–3)

Liedruf zum Sanktus

»Hosanna! Gesegnet sei er« (GL 786 Eigenteil Rottenburg/Stuttgart und Freiburg, als Kehrvers)
Oder: Hosanna dem Sohne Davids (GL 302[2])

Dazwischen wird der Text des Sanktus vom P gesprochen.

Vaterunser

Lied nach der Kommunion

»Da wohnt ein Sehnen tief in uns« (GL 846,1–4, Eigenteil Rottenburg/Stuttgart und Freiburg)
Oder: »O Herz des Königs aller Welt« (GL 369,1–2)

Segen

Kein Nachspiel

Variante 1: Zwiegespräch in Jerusalem

Stefanie Müller-Lukes, Gabi Schmidhuber

S 1: Schalom!

S 2: Schalom! Sag mal, du kommst doch gerade vom Tor: Da sind ja alle Straßen verstopft. Sind dieses Jahr noch mehr Menschen zu uns nach Jerusalem gekommen, um hier das Passah – Fest zu feiern?

S 1: Nein, es scheinen mir nicht mehr als sonst zu sein. Aber Jesus von Nazaret ist gerade durchs Tor gekommen.

S 2: Und der eine Mann verstopft alle Straßen?

S 1: Er ist natürlich nicht allein gekommen. Er hat seine Freunde mitgebracht. Er will mit ihnen hier das Passah-Fest feiern. Aber das ist es nicht. Viele Menschen sind zum Tor gelaufen, als sie hörten, dass Jesus kommt. Sie haben sich dort aufgestellt. Stell dir vor, einige haben Palmenzweige abgerissen und ihn damit begrüßt.

S 2: Palmenzweige? Aber so begrüßt man doch nur Könige! Dieser Jesus ist doch kein König, oder?

S 1: Nein, aber viele denken, er sollte ein König sein. Dabei kam er auf einem kleinen Esel daher geritten. Nicht wirklich königlich! Und dennoch haben sie ihn begrüßt wie einen König! Sogar ihre Kleider haben sie auf den Weg gelegt, damit er sich nicht die Füße staubig macht.

S 2: Das gibt es doch gar nicht. Das ist doch übertrieben. Mein Gott, so ein bisschen Dreck an den Füßen hat noch keinem geschadet. Und dieses Geschrei die ganze Zeit. Was haben die gerufen?

S 1: Viele am Tor riefen laut »Hosianna« und »Gegrüßt seist du, Jesus«.

S 2: Ich fasse es nicht. Jesus scheint ziemlich berühmt zu sein. Komisch, dass ich noch gar nicht so viel von ihm gehört habe.

S 1: Man sagt, er tue viel Gutes. Der kann Kranke heilen, obwohl er kein Arzt ist. Und ich meine, er hat auch schon mal einen Toten wieder zum Leben erweckt.

S 2: Echt, das kann ich ja kaum glauben. Dann ist dieser Jesus also so eine Art Wunderheiler.

S 1: Nee, ich glaube nicht. Jesus redet viel über Gott. Und das oft gar nicht so, wie es uns die Schriftgelehrten beibringen wollen. Er erzählt z. B. etwas von einem liebenden Vater. Und er will, dass wir unsere Feinde lieben. Stell dir vor, einige seiner Anhänger aus Jerusalem haben sogar Ölzweige geschwenkt, als er kam. Sie wollten damit allen zeigen, dass Jesus den Frieden bringt.

S 2: Ich sage nur: Weltverbesserer. Wie der der Welt den Frieden bringen will, das muss er mir erst mal zeigen. Vorstellen kann ich mir das nicht. Dazu müsste er ja die gesamte Menschheit umkrempeln. Und weit kommt er bei diesem Versuch nicht. Das gibt doch nur Ärger. Wenn's um die geheiligte Ordnung der Mächtigen geht, verstehen unsere Oberen keinen Spaß.

S 1: Das stimmt. Als ich vorher durch die Straße gegangen bin, habe ich schon die Spitzel der Hohepriester gesehen. Denen passt es nicht, dass Jesus so viele Leute um sich schart. Die warten nur darauf, dass sie ihn mit irgendetwas drankriegen.

S 2: Ich erinnere mich … Da war doch was, damals: Jesus soll am Sabbat geheilt haben. Das ist doch verboten.

S 1: Genau. Ein Skandal – finden zumindest die ganz Frommen und die Hohepriester. Wenn er hier so etwas macht, dann schnappen die sich ihn bestimmt. Am Tor standen ein paar von ihnen zusammen. Die sahen nicht besonders freundlich aus. Die Köpfe haben sie zusammengesteckt und böse Blicke getauscht. Ich glaube, die hecken was aus.

S 2: Ich habe Gerüchte gehört, das sie Jesus am liebsten umbringen würden.

S 1: Das habe ich auch schon gehört. Sie wollen ihn verhaften lassen.

S 2: Dass sich Jesus überhaupt nach Jerusalem traut, wundert mich. Er muss doch auch davon gehört haben. Und dazu noch die Römer. Die fühlen sich von Jesus doch auch provoziert. Dass dieser Jesus von Gerechtigkeit und Frieden spricht, ist doch das Letzte, was sie wollen.

S 1: Pst! Du redest dich ja noch um Kopf und Kragen!

S 2: Aber es ist doch wahr! Die Römer führen sich hier auf, als ob ihnen alles gehören würde. Erst gestern musste ich mit meiner Karre wieder etwas für sie wegbringen. Einfach so. Ohne Bezahlung. Ruft ein Römer, musst du gehorchen. So kann es doch nicht weitergehen. Da müsste der Jesus mal was machen. Frieden und Gerechtigkeit: Das schert die Römer doch überhaupt nicht.

S 1: Du hast ja recht. Aber: Jesus, der ist kein Aufrührer, er kämpft nicht gegen die Römer.

S 2: So ein Feigling. Aber wie will er dann die Welt verbessern?

S 1: Er will, dass alle Menschen in Frieden leben und zwar in einem Frieden, der nicht durch Krieg und Streit entstanden ist, und wo nur Ruhe herrscht, weil der eine den anderen unterdrückt. Die Menschen sollen Frieden haben, weil sie den anderen lieben.
Jesus sagt, was er denkt, und er tut, was er sagt. Und er gibt nicht klein bei. So wie ich das einschätze, geht er damit unseren Mächtigen ganz schön auf die Nerven. Ich kann mir gut vorstellen, dass es demnächst knallt.

S 2: Meinst du? Das hört sich aber nicht gut an. Dann sollte sich Jesus hier in Jerusalem lieber ein bisschen in Acht nehmen.
Wo ist er denn jetzt?

S 1: Jesus ist mit seinen Freunden in das Obergemach eines Hauses gegangen. Dort wollen sie zusammen das Passah-Mahl essen.

S 2: Na, hoffentlich passt er auf sich auf. Die Mächtigen werden es nicht dulden, dass er direkt vor ihrer Nase etwas Verbotenes macht. Und wenn's um das Bestrafen geht, waren sie schon immer schnell und noch nie zimperlich.
Jetzt muss ich aber weiter. Bis bald.

S 1: Alles klar. Wir sehen uns. Schalom.

Variante 2: »Jesus ist ein anderer König«

Gabi Schmidhuber

Ein Overheadprojektor steht bereit. Die vier Symbolbilder – Krone, Zepter, Königsmantel und Schwert – werden nacheinander als Folien nebeneinander aufgelegt. Oder die Bilder werden mit dem Beamer gezeigt oder groß ausgedruckt und nebeneinander gut sichtbar aufgehängt.

Was macht einen König aus?

S 1: Heute am Palmsonntag erinnern wir uns an den Einzug Jesu in Jerusalem. Die Menschen in Jerusalem leiden, weil die Soldaten der Römer ihnen das Leben schwer machen. In Jerusalem warten alle auf einen guten König. Ein König, wie es David einmal war. David war ein großer und starker König.

Was macht denn einen König aus? Woran erkennt man einen König?

Ein Bild von einer Krone wird gezeigt.

S 1: Ein König trägt eine Krone. Durch die Krönung ist für alle klar: Dies ist der neue König. Nur der König darf eine Krone tragen. So kann man ihn sofort erkennen.

Ein Bild von einem Zepter wird gezeigt.

S 1: Ein König hat einen Herrscherstab, ein Zepter. Das macht deutlich, dass alle seinem Befehl folgen müssen.
Das Zepter ist ein Zeichen der Macht. So, wie der König es sagt, muss es gemacht werden.

Ein Bild von einem Königsmantel wird gezeigt.

S 1: Ein König trägt einen kostbaren Umhang, einen Purpurmantel, der sehr teuer ist. Nur der König ist so reich, dass er sich das leisten kann. Der König zeigt damit, wie wichtig er ist.

Ein Bild von einem Schwert wird gezeigt.

S 1: Ein König trägt ein Schwert, er hat ein starkes Pferd und Soldaten. Mit dem Schwert kann er sein Land verteidigen. Wenn er ein starker König ist, kann er auch andere Länder erobern und Krieg führen.

Hören wir nun, wie die Menschen von Jerusalem Jesus begrüßt und empfangen haben.

Die Bilder bleiben sichtbar.

Evangelium

Johannes 12,12–16: Der Einzug Jesu in Jerusalem

Gegenüberstellung: Jesus ist ein anderer König.

Auf den Projektor wird eine Jesus-Figur zu den Königsattributen gelegt oder groß ausgedruckt aufgehängt.

S 1: Jesus wird von den Menschen in Jerusalem als König begrüßt. Aber Jesus ist kein König, wie wir uns das normalerweise vorstellen. Er hat nichts von dem, was wir eben angesprochen haben:

Jesus hat keine Krone.

Das Bild von der Krone wird weggenommen.

S 1: Jesus hat keinen Herrscherstab.

Das Bild vom Zepter wird weggenommen.

S 1: Er braucht keinen kostbaren Umhang.

Das Bild vom Umhang wird weggenommen.

S 1: Jesus hat kein Schwert.

Das Bild vom Schwert wird weggenommen.

S 1: Wenn Jesus das alles nicht hat, warum haben die Leute ihn dann so begeistert begrüßt? Warum wollen die Leute ihn dann zu ihrem König machen?

Neue Symbolbilder werden nun um das Jesusbild herum angeordnet: Herz, Hände, Brot und Sonne.

Das Herz wird gezeigt.

S 1: Jesus hat ein Herz für alle Menschen. Nicht nur für Schöne und Reiche, sondern vor allem für Ausgestoßene und Kranke. Jeder Mensch ist für Jesus einzigartig und wertvoll. Jesus geht offenen Herzens auf alle Menschen zu.

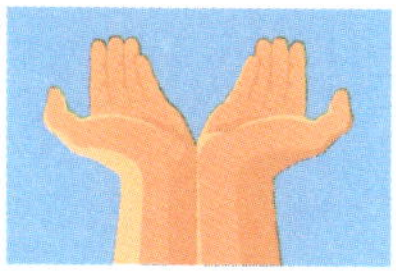

Die Hände werden gezeigt.

S 1: Jesus will den Menschen nahe sein. Er schreckt nicht vor Aussätzigen und Kranken zurück. Er berührt sie und heilt sie. Er nimmt sich der Sorgen und Nöte der Menschen an und hilft, wo er kann.

Das Brot und der Wein werden gezeigt.

S 1: Er sammelt keine Reichtümer, um sie für sich zu behalten. Er teilt und sorgt für alle. Er bricht das Brot und stiftet so Gemeinschaft.

Die Sonne wird gezeigt.

S 1: Jesus bringt den Menschen eine frohe Botschaft: Wir alle sind von Gott gesehen und gehalten. Er ist für uns da. Wir sind in seiner Liebe geborgen, egal was passiert.
Aus diesem Grund haben die Menschen Jesus freudig begrüßt und sie wollten ihn zum König haben.

Fürbitten

P: Wir haben Jesus begrüßt wie damals die Menschen in Jerusalem. Wir haben erfahren, was er für ein besonderer König ist. Ihn wollen wir nun bitten:

S 1: An Palmsonntag jubelten dir, Jesus, viele Menschen zu. Sie freuten sich, dich zu sehen. Du hattest in ihnen die Hoffnung auf eine bessere Zukunft geweckt.

Halte auch in unserem Herzen diese Sehnsucht nach einer menschlicheren Welt wach.
Jesus, König der Herzen: Wir bitten dich, erhöre uns.

S 2: Am Gründonnerstag hast du, Jesus, mit deinen Jüngern gefeiert und mit ihnen das Brot gebrochen. Dir war es wichtig, dass sie eine Gemeinschaft sind. Du wolltest, dass sie zusammenhalten. Stärke uns im Bemühen, mit unserer Familie, unseren Freundinnen und Freunden in guter Beziehung zu leben.
Jesus, König der Gemeinschaft: Wir bitten dich, erhöre uns.

Am Karfreitag waren dir, Jesus, beim Weg nach Golgota die Hände gebunden. In dem Moment, als du scheinbar nichts für die Menschen machen konntest, hast du für sie das Kostbarste – dein Leben – gegeben. Gib uns Tatkraft, dass wir nicht aufhören, Hilfesuchenden eine Hand zu reichen und sie zu unterstützen.
Jesus, König der Helfenden: Wir bitten dich, erhöre uns.

An Ostern hast du, Jesus, die Dunkelheit bezwungen. Wie die Strahlen der aufgehenden Sonne erhellt die frohe Botschaft der Auferstehung die Traurigkeit der Jünger. Stecke uns an und erfülle uns mit dieser Osterfreude.
Jesus, König des Lebens: Wir bitten dich, erhöre uns.

P: Jesus, du unser König, dir vertrauen wir. Dich preisen wir mit dem Vater und dem Heiligen Geist in alle Ewigkeit.
Amen.

Tageslichtprojektor aus.

Gründonnerstag

Material und Vorbereitung

Für die Feier im Freien:
- Liedblatt mit Frühlingskanon verteilen

Für die Feier im Saal:
- Liederbücher (»Unterwegs«)
- Lektionar für die Exoduslesung
- große Kerze
- großer Tisch mit Siebenarmigem Leuchter, Bitterkräutern auf Tellern (Chicorée, Rucola, Löwenzahn), Glasschüssel, Wasser in einem Krug, Salz in einer Schale, Löffel, Fladenbrot / Matzen auf Tellern

Für die Feier des Abendmahls:
- Tische, weiße Tischtücher, Blumen, für jeden Tisch eine Kerze, Brot (große Hostien), Teller, Kelche, Lektionar

Die Idee

Die Feier des Abendmahles soll ganzheitlich, das heißt von den Wurzeln her erfahren und gefeiert werden. Deshalb werden drei verschiedene Orte vorgeschlagen:
Der Beginn ist im Freien, da es um den Frühlingsanfang und das Erwachen der Natur geht. Dann begibt man sich in einen Raum, wo sich alle um einen Tisch versammeln, um sich an das Paschamahl zu erinnern, das im Stehen gefeiert wurde und den Beginn der Befreiung Israels aus der Unterdrückung in Ägypten markiert. Der dritte Raum ist der Ort, wo wir uns an das letzte Abendmahl erinnern. Es ist hilfreich, wenn die am Gottesdienst Teilnehmenden in Gruppen jeweils um einen Tisch sitzen können. In einem ersten Teil erinnern Lesung, Evangelium und Predigt an das Geschehen beim letzten Abendmahl. Das Hochgebet ist bewusst aus dem üblichen Rahmen genommen und ist direkt mit der Kommunion verbunden. Aus der Mahlgemeinschaft heraus werden dann die Fürbitten vorgetragen.
Der Priester sitzt auch an einem der Tische. Hierher werden bei der Gabenbereitung die Hostien und der Krug mit Wein gebracht und von dort zur Kommunion verteilt.

Liturgie mit drei Wegstationen

Begrüßung

P: Im Namen des Vaters und des Sohnes und des Heiligen Geistes, Amen.

Einführung

S 1: Wenn wir uns hier im Stehen versammeln, so hat das folgenden Grund: Wir wollen in drei Stationen tiefer erfahren, was bei jenem letzten Abendmahl Jesu geschehen ist.
Es sind drei Ebenen. Jede wirkt und gilt:
Jesus feiert mit seinen Freunden ein Abendmahl. Er isst und trinkt mit ihnen. Er gibt diesem Mahl eine neue Bedeutung. Es wird zum Zeichen seiner Hingabe an uns Menschen.
Wir schauen auf die Wurzeln, aus denen dieses Mahl entstanden ist, das Jesus mit seinen Jüngern gefeiert hat: Er war nach Jerusalem gekommen, um das jüdische Osterfest zu feiern, die Befreiung aus der Knechtschaft in Ägypten.
Unser Osterfest und das jüdische Osterfest kommen aus einer noch älteren Tradition. Der Termin des Osterfestes wird ja bestimmt durch den ersten Vollmond des Frühjahrs. Die Nomaden feierten diesen Termin als jährlichen Beginn des neu erwachenden Lebens. Es war der Termin des Aufbruchs aus dem Winterquartier. An dieser Schwelle feierten sie das neue Leben, das sich in der Schöpfung zeigte. Als Opfer wurde dabei ein Lamm geschlachtet. Damit brachte man zum Ausdruck, dass das neue Leben ein Geschenk Gottes ist und nicht machbar.
Wir laden Sie also heute Abend ein, ganz bewusst diese drei Stationen zu leben und auch zu erleben, wie sich die Bedeutung des Festes von Mal zu Mal wandelt und vertieft.

1. Station: Frühlingsfest

Einführung

S 2: Frühling, schon der Gedanke lässt einem warm ums Herz werden. Es gibt wohl keine andere Jahreszeit, nach deren Ankunft wir uns so innig sehnen. Nach den grauen Winterwochen sehnen sich unsere Augen nach dem frischen Grün der Bäume und Sträucher und nach den hellen, fröhlichen Farben der ersten Blumen. Unsere Haut lässt sich angenehm berühren von den ersten wärmenden Sonnenstrahlen, unsere Ohren erfreuen sich wieder an den verschiedenen Vogel-

stimmen und unsere Nase nimmt den Duft von frischer, feuchter Erde wahr. In der Natur wächst aus vielem, was wie tot und abgestorben schien, neues Leben. Auch wir Menschen spüren diese neue Kraft: Es zieht uns aus den Häusern in die Natur, vielleicht spüren wir auch neue Kreativität und Lebensfreude.
So sind viele Gedichte und Lieder entstanden, den Neuanfang des Frühlings zu beschreiben und besingen.
Dichter verschiedenster Jahrhunderte haben diesen Neuanfang in der Natur immer wieder beschrieben.

Frühling

In dämmrigen Grüften
Träumte ich lang
Von deinen Bäumen und blauen Lüften,
Von deinem Duft und Vogelgesang.

Nun liegst du erschlossen
In Gleiß und Zier
Von Licht übergossen
Wie ein Wunder vor mir.

Du kennest mich wieder,
Du lockest mich zart,
Es zittert durch all meine Glieder
Deine selige Gegenwart.

Hermann Hesse

Alternativ:

Frühlingsglaube

Die linden Lüfte sind erwacht,
Sie säuseln und wehen Tag und Nacht,
Sie schaffen an allen Enden.
O frischer Duft, o neuer Klang!
Nun armes Herze, sei nicht bang!
Nun muss sich alles, alles wenden.

Die Welt wird schöner mit jedem Tag,
Man weiß nicht, was noch werden mag,
Das Blühen will nicht enden.
Es blüht das fernste, tiefste Tal:
Nun armes Herz, vergiss die Qual!
Nun muss sich alles, alles wenden.

Ludwig Uhland

Lied

»Es tönen die Lieder, der Frühling kehrt wieder« (siehe: https://bit.ly/2KAUM9k)
alternativ: »Winter, ade«, siehe: https://bit.ly/2Om9naR)

Einzug in den Saal: Wir stehen im Kreis um die Tische.
Es können einige Stühle für ältere Menschen da sein.

2. Station: Befreiung des Volkes Israel aus der Unterdrückung und Gefangenschaft in Ägypten

Einführung

S 3: Die Israeliten waren Nomaden, die mit ihren Herden herumzogen. Als solche warteten sie natürlich sehnsüchtig auf den Frühling und feierten dann auch das Frühlingsfest. Hirten opferten die Erstgeburt der Herde, ein Lamm, ein Zicklein. Bauern opferten die Erstlinge der Ernte.

Wegen einer Hungersnot waren die Israeliten nach Ägypten gekommen und lebten dort als unterdrücktes Volk. Gott hört das Schreien seines Volkes und schickt Mose. Mit der Befreiung aus der Unterdrückung bekommt das Fest des erwachenden Lebens eine neue Bedeutung:

Leben ist mehr als genug zu essen und zu trinken zu haben. Leben ist mehr als die Fleischtöpfe Ägyptens. Jahrhunderte hindurch, Jahr für Jahr, feiert das Volk Israel, dass Gott sie befreit hat aus der Knechtschaft, dass Gott neue Lebensqualität geschenkt hat: Befreiung zu neuem Leben in Frieden, in Schalom.

Lesung

Exodus 12,1–8.11–14, Das Passah-Mahl

Aktion

S 4: Jedes Jahr feiern die Juden dieses Fest zur Erinnerung an die Knechtschaft in Ägypten und ihre Befreiung. Sie feiern dieses Fest mit einem Mahl. Sie essen im Stehen schnell gebackenes Brot – als Zeichen der Eile.

Sie essen Bitterkräuter – in Salzwasser getunkt – in Erinnerung an die bitteren Erfahrungen, an die vielen Tränen, die sie geweint haben in den Zeiten der Unterdrückung.

S 4 gießt Wasser in die Schüssel, gibt einen Löffel Salz dazu und rührt um.

Wir laden alle ein, dieses Brot und die bitteren Kräuter zu essen.

Die Gottesdienstbesucher gehen zum Tisch, nehmen Bitterkräuter, tauchen sie in das Salzwasser und essen sie dann mit Fladenbrot im Stehen.

Lied
»Andere Lieder wollen wir singen« (U 42)

Gang zur 3. Station als Weg der Befreiung
Eine große Kerze wird am siebenarmigen Leuchter angezündet.

L: Wie die leuchtende Säule dem Volk Israel vorausging, so geht uns das Licht voran, das heißt, wir werden geführt.

3. Station: Abendmahl

Alle nehmen an den Tischen Platz.

Lied
»Alle Menschen hören auf dies neue Lied« (U 180)

Einführung
P: Jesus als gläubiger Jude feiert ganz selbstverständlich mit seinen Jüngern das Paschafest in Jerusalem. Es fällt auf, dass im Bericht über dieses letzte Abendmahl zwar von Brot und von Wein, nicht aber von einem Lamm die Rede ist.
Oder etwa doch?
Jesus deutet das Paschamahl neu: Er selbst ist das Lamm, das geopfert wird. Seine Hingabe eröffnet und begründet den Neuen Bund Gottes mit uns Menschen.

Lesung
1 Korinther 11,23–26: Die Einsetzung des Abendmahls

Lied
»Du bist das Brot« (U 196, zweimal singen)

Evangelium

Johannes 13,1–15: Fußwaschung

Predigtskizze

Diese Feier hat drei Stationen. Diese beinhalten eine Entwicklung in drei Schritten: Der Wechsel von der Winterweide zur Sommerweide bedeutet für die Nomaden die Verheißung, dass das Leben weitergeht. Die erwachende Natur bringt neues Leben, neue Lebensmöglichkeiten. Das wird gefeiert.

Das Paschamahl ist die Erinnerung an die Befreiung aus der Knechtschaft. Es braucht Freiheit, damit das Leben sich entfalten kann.

Die Hingabe Jesu macht deutlich, dass die äußere Freiheit allein noch nicht zur Fülle des Lebens führt. Wenn jeder macht, was er will, entsteht noch nicht das, was Menschen erhoffen. Es braucht die innere Freiheit, die Jesus vorlebt. Er tut etwas »für uns«. Die Fußwaschung und die Gaben von Brot und Wein sind Zeichen dieser Hingabe.

Im Glauben bekennen wir: Im Tod ist das Leben.

Gabenbereitung

Eine Schale mit den Hostien, ein Kelch, der Krug mit Wein und etwas Wasser werden an den Tisch des Priesters gebracht.

Hochgebet / Eucharistische Danksagung

P: Treten wir nun ein in das große Lob und Dankgebet.
Der Herr sei mit euch.

A: Und mit deinem Geiste.

P: Erhebet die Herzen.

A: Wir haben sie beim Herrn.

P: Herr unser Gott,
hier um dich versammelt, erinnern wir uns der alten Geschichte,
die durch die Jahrhunderte hindurch weitererzählt worden ist:
von Jesus von Nazaret, einem Menschen, der dich, Herr, Gott, freimütig »Abba«, Vater, zu nennen gewagt hat und der uns gelehrt hat, dasselbe zu tun.

Gott unser Vater,
wir danken dir für diesen Menschen, der das Antlitz der Erde verändert hat,
weil er von einer großen Vision sprach: vom Reich Gottes, das einmal kommen wird,

ein Reich der Freiheit, der Liebe und des Friedens, dein Reich, die Vollendung deiner Schöpfung.

Wir erinnern uns,
dass überall dort, wohin dein Jesus kam, die Menschen ihre Menschlichkeit wiederfanden und voll wurden von einem neuen Reichtum,
so dass sie mit neuem Mut in ihrem Leben sich selbst einander schenken konnten.

Wir erinnern uns,
wie er zu Menschen gesprochen hat von einer verlorenen Drachme,
von einem verirrten Schaf, einem verlorenen Sohn:
von all denen, die verloren gehen, die nicht mehr zählen.

Wir erinnern uns,
dass er auf die Suche nach all diesen Verlorenen ging, und wie er immer wieder eintrat für sie.

Und das hat ihn selbst das Leben gekostet, denn die Mächtigen der Erde duldeten das nicht.
Und doch, guter Gott, allmächtiger Vater, er wusste sich verstanden von dir und angenommen, er sah sich von dir in Liebe bestätigt.

Wir gedenken, wie er
in der letzten Nacht seines Lebens auf Erden das Brot in seine heiligen Hände nahm,
es segnete, brach und teilte, am Tisch mit seinen Freunden sprechend:
Nehmet und esset, das ist mein Leib für euch.

Und was er tat, erfüllte ihm das Herz:
Er nahm auch den Becher am Tisch, dankte, pries dich, Vater, und sagte:
Nehmet und trinket.
Das ist der Kelch des Neuen und Ewigen Bundes, mein Blut, das für euch und für alle vergossen wird.
Tut dies zu meinem Gedächtnis.

Wenn wir dann gemeinsam dieses Brot essen und aus diesem Becher trinken werden, tun wir es im Gedenken an ihn, deinen Sohn und unseren Bruder,

den freien Menschen, der unser aller Diener und Befreier ist,
jetzt und immer und über den Tod hinaus.

Deshalb gedenken wir jetzt auch der vielen, die von uns gegangen sind, all der Menschen, die wir so sehr geliebt haben … *(kurze Stille)*
Du bist ihr Leben, jetzt und immerdar.

Und wir gedenken auch der Welt, aller, die uns lieb sind im Leben.
Auch der Mächtigen, die über das Schicksal der Menschen verfügen, oft ohne sie, die Lenker der Welt und der Kirche.
Hilf ihnen und uns, damit wir diese Erde zu einem besseren Haus für alle machen;
damit wir Frieden stiften und eins seien, wie du Vater es in deinem Sohne bist und er in dir.

Sende daher deinen Geist aus über uns und über diese Gaben, den guten Geist aus dir und deinem Sohn, damit er uns beseele, wenn wir Jesus weiter folgen:
Jesus, von dem wir gelernt haben, frei zu sein von entfremdenden Mächten,
frei zu sein, Gutes zu tun.

Nach besten Kräften haben wir getan, was Jesus, dein Zeuge, der unsere Herzen kennt, uns zu tun geboten hat: dies zu seinem Gedächtnis zu feiern.

Zu Lob und Preis für dich, allmächtiger Vater,
in der Einheit des Heiligen Geistes, dürfen und wagen wir jetzt auch,
durch ihn und mit ihm und in ihm gemeinsam zu beten, wie er uns gelehrt hat:

Vater unser im Himmel,
geheiligt werde dein Name,
dein Reich komme,
dein Wille geschehe
wie im Himmel so auf Erden.
Unser tägliches Brot gib uns heute
und vergib uns unsere Schuld,
wie auch wir vergeben unseren Schuldigern.
Und führe uns nicht in Versuchung,
sondern erlöse uns von dem Bösen.

Denn dein ist das Reich
und die Kraft und die Herrlichkeit in Ewigkeit.
Amen.
Gestärkt und ermutigt wagen wir jetzt, dieses Brot weiterzureichen und diesen Becher – das Sakrament des Glaubens.

Wir bitten dich, lieber Gott, lass das, was wir getan haben zum Gedächtnis an Jesus,
der von deinem Geist erfüllt war, ein lebendiges und wirksames Zeichen
des Heils und der Gesundheit sein, ein Zeichen gegenseitiger aufrichtiger Liebe,
ein Zeichen der Freiheit, des Friedens und der Gerechtigkeit für alle,
der Liebe zu dir, Gott, unserem Befreier.
Edward Schillebeeckx

Kommunion

Die großen Hostien werden nun in je einer Schale zu den Tischen gebracht. Ebenso wird der Wein aus dem Krug in die bereitstehenden Kelche gegossen und an die Tische gebracht.
Je eine Person bricht am Tisch das Brot.

P: Gebt das Brot einander weiter und sprecht einander zu: der Leib Christi.
Gebt den Kelch weiter und sprecht einander zu: das Blut Christi.

Fürbitten

S 6: Lasst uns beten
für diese Stadt und für alle unsere Mitbürger und Mitbürgerinnen,
dass hier für jeden von uns ein menschliches Zusammenleben möglich werde.
Christus, höre uns.
A: Christus, erhöre uns.

S 6: Wir beten
für alle, die nahe bei uns wohnen, für unsere Nachbarn, Bekannten und Freunde,
aber auch für jene, auf die wir nicht gut zu sprechen sind,
für alle, die uns lästig sind, aber auch für alle, die uns mit ihrer Zuneigung umgeben.
Christus, höre uns.

A: Christus, erhöre uns.

S 6: Wir beten
für alle, die in unserer Mitte und in der weiten Welt heimgesucht sind von Krankheit und Unglück, von Gewalt und Unfrieden.
Für die Ängstlichen und Unsicheren, für alle, die mit unserer Welt nicht mehr zurechtkommen.
Christus, höre uns.
A: Christus, erhöre uns.

S 6: Wir beten
auch für alle Verantwortlichen in Politik und Wirtschaft,
für alle, die jungen Menschen in der Erziehung Wege weisen.
Christus, höre uns.
A: Christus, erhöre uns.

S 6: Wir beten,
dass in uns allen die Gesinnung Jesu Christi wachsen möge,
dass wir einander achten und ertragen,
und dass unser Herz lieber verwundbar sei als hart.
Christus, höre uns.
A: Christus, erhöre uns.

Friedensgruß

Schlussgebet

L: Du Gott unseres Lebens,
Wir haben das Geheimnis unseres Glaubens miteinander betrachtet und gefeiert.
Wir haben dir gedankt und sind deiner Einladung zum Mahl gefolgt.
Lass uns über diese Nacht hinaus miteinander verbunden sein.
Stärke in uns den Glauben an deine Gegenwart.
Darum bitten wir durch Christus, unseren Herren.
Amen.

L: Jesus geht hinaus in die Nacht, er geht zum Ölberg.
Auch wir beenden an dieser Stelle den Gottesdienst ohne Segen und Abschluss.
Alles bleibt offen.
Alle sind eingeladen, morgen an der Feier von Jesus Leiden und Sterben teilzunehmen.

Kinderkreuzweg

Material und Vorbereitung

Liedblatt für Leiter, Osterkerze, Streichhölzer, Klangschale, große Tücher (6 grüne, 4 braune, 4 schwarze), 4–5 aus Krepppapier gestaltete Olivenbäume, ca. 6–8 Opferlichte, Trommel, Seil, Seil für ein Tor, ca. 5 Steine, Dornenkrone oder Dornenzweige, Holzkreuz, kleines weißes Tuch, ca. 10 rote Hände aus Karton, ca. 10 rote Herzen aus Karton, knospende Zweige in einer Vase.

Vor dem Gottesdienst werden die Lieder eingeübt. Es hat sich bewährt, keine Liedblätter auszuteilen, sondern einfach die Texte vorzulesen und vorzusingen.

Die Idee

Unser Anliegen beim Kinderkreuzweg ist, dass die Kinder den Weg Jesu mitgehen und mit ihrem eigenen Leben in Beziehung bringen können. Die Stationen sind gestaltet mit farbigen Tüchern und Symbolen und laden ein zum Hören und Schauen. Im zweiten Schritt sind die Kinder an jeder Station in anderer Weise zu einer Aktion, zum Mittun, eingeladen.

Zum Raum

Für den Kinderkreuzweg werden in der Kirche oder im Gemeindesaal fünf Stationen so aufgebaut, dass dazwischen auch ein Weg zum Gehen ist. Für die einzelnen Stationen sind in der Kirche oder im Saal große Tücher ausgelegt, so dass die Gruppe jeweils darum herum stehen kann. Die dazugehörenden Materialien sind an den Stationen bereitgelegt.

Die Begrüßung und Eröffnung findet im Altarraum oder einem Vorraum statt, wo die Kinder sitzen können.

Wenn wir bei einer Station ankommen, laden wir erst alle Kinder ein, einen großen Kreis zu machen, evtl. einen Schritt zurückzugehen, damit alle Kinder Platz haben. Dann fangen wir erst an.

Weg mit fünf Stationen

Begrüßung

Die Kinder sitzen im Altarraum oder einem Vorraum.
Grüne und schwarze Tücher liegen bereit. Aus grünem Krepppapier werden einige knorrige Olivenbäume gestaltet. Eine Handtrommel liegt bereit.

S 1: Liebe Kinder, heute begleiten wir Jesus auf seinem Weg.
Bevor wir anfangen, haben wir ein paar Bitten an euch:
Wenn die Klangschale klingt, werden wir alle ganz leise.
Wir gehen langsam hinter der Osterkerze her und rennen nicht.
Wir schauen bei den Stationen, dass alle Platz haben rund um die Tücher.
Wir stehen nicht auf die Tücher drauf.

Lied

»Du hast uns Herr gerufen« (GL alt 505)

S 1: Wir versammeln uns im Namen des Vaters und des Sohnes und des Heiligen Geistes, Amen.

S 1 breitet zwei bis drei grüne Tücher auf dem Boden aus.

S 1: Wir sehen eine Wiese. Langsam ist der Winter vorbei, das Frühjahr kommt, die Wiesen werden grün. Das Gras beginnt zu wachsen und zu sprießen.
Mit unseren Fingern können wir es wachsen lassen.

S 1 bewegt die Fingerspitzen und Hände und lädt die Kinder zum Mitmachen ein.

S 1: Kleine Grasspitzen regen sich, sie wachsen in der Sonne langsam höher.
Der Wind bewegt sie hin und her. Sie stehen still, wenn der Wind still ist.
Nichts rührt sich.
Heute sind wir in einem Garten in Jerusalem. Da stehen auch Bäume.

Knorrige Bäume aus grünem Kreppapier werden an den Rand der Wiese gestellt.

Die Bäume sind nicht sehr hoch, aber manche sind alt, uralt. Sie heißen Olivenbäume. Sie haben kleine, grüne Früchte, die Oliven.
Wir sind jetzt ein Baum und bewegen uns im Wind …
Wir stehen auf, spüren mit den Füßen als Wurzeln zum Boden, strecken unsere Arme hoch und bewegen uns im Wind …
Dann setzen wir uns wieder.
In diesem Garten wird es jetzt Nacht. Die Sonne geht unter, die Nacht zieht herauf.

S 1 legt langsam große schwarze Tücher über die Wiese und die Bäume.
S 2 schlägt langsam eine Handtrommel.

S 1: Nun ist es Nacht geworden. Der Garten ist ins Dunkel gehüllt.
Wie das ist, wenn es dunkel wird? Welches Gefühl haben wir dann? Was verändert sich?
Wir zeigen etwas von der Dunkelheit und Nacht mit den Händen, mit dem Leib:
Wir sitzen aufrecht, dann beugen wir uns vor und lassen uns hängen.
Wir öffnen mit beiden Armen ein Tor, dann verschließen wir es, machen zu.
Wir schauen in die Welt, dann halten wir die Hände vors Gesicht.
Es wird Nacht.
Hören wir, was passiert in dieser Nacht.

Lied
»Schweige und höre« (KiGoLo 363)

S 2: Die Osterkerze nehmen wir mit auf den Weg. Sie ist ein Symbol, eine Erinnerung an Jesus, der mit uns auf dem Weg ist.

Wer die nächste Station hat, nimmt die Kerze mit. Das Holzkreuz nimmt mit, wer es an seiner Station gerade hatte.

1. Station: Wir hören von Jesus – er hat Angst

Große grüne und schwarze Tücher sind als Garten auf dem Boden ausgelegt. Ca. 6–8 Opferlichte und eine Handtrommel stehen bereit.

Bei dieser Station werden die Kinder nach ihrer Angst gefragt. Da passiert es manchmal, wenn ein Kind eine Antwort gibt, dass mehrere Kinder das Thema wiederholen: z. B. meine Oma ist gestorben, ich habe Angst, wenn ich allein zuhause bin oder ich habe schlechte Träume.
Da kann es helfen, für alle, die gestorben sind, oder alle, die schlechte Träume haben, eine »Sammel«kerze anzuzünden und dann zu fragen, was es noch gibt …

Die Klangschale wird zum Stillwerden angeschlagen.

S 2: Jesus ist in Jerusalem eingezogen. Die Menschen haben ihm zugejubelt, wir haben mit gejubelt: Jesus soll unser König sein!

S 2 entzündet die Jesuskerze und behält sie bei sich.

S 2: Danach feiert er mit seinen Freunden das Abendmahl. Das war am Paschafest, nachdem die Sonne untergegangen war.
Er sagt seinen Freunden, den Jüngern, ein schweres, seltsames Wort.
Er sagt: »Ich liebe euch so sehr, dass ich mein Leben für euch hingebe. Alles will ich euch geben.«
Nachdem sie das Abendmahl beendet haben, sagt Jesus: »Lasst uns hinausgehen«. Da gehen sie hinaus. Es ist Nacht. Sie gehen zu einem Garten – Getsemani heißt er. Die Jünger kennen den Garten, sie waren dort oft mit Jesus gewesen. Doch jetzt ist es Nacht.

Die Jesuskerze wird mitten in den Garten gestellt.

S 2: Jesus ist allein in der Dunkelheit. Große Angst befällt ihn, er beginnt zu zittern und zu beben. Er weiß, dass er viel leiden wird, dass ein Freund ihn verraten wird, dass sie ihn gefangen nehmen werden und er sterben wird.
Da fällt er zu Boden und betet mit aller Kraft zu Gott, seinem Vater: »Vater, lass das Schwere an mir vorübergehen. Nimm es von mir! Doch nicht wie ich will, sondern wie du willst, so soll es geschehen.«
Jesus geht den Weg in die Dunkelheit und Angst. Er geht für uns. Wir dürfen ihm auch unsere Angst sagen und bringen. Er will sie mit uns tragen.
Wo habt ihr schon einmal Angst gehabt?

Ca. fünf größere Kinder bekommen nach und nach ein an der Osterkerze entzündetes Opferlicht und stellen es auf die Tücher in den dunklen Garten.
Die Kinder können aussprechen, an welche Angst oder welche Menschen sie denken, für wen sie ein Licht zu Jesus in den Garten stellen wollen.

S 2: Wir beten und falten die Hände:
Guter Jesus, du bist für uns in den dunklen Garten gegangen, in die Nacht und in die Angst. Alles Böse tut dir weh, du trägst es, weil du uns liebst. Und du willst uns nahe sein, wenn wir Angst haben, wenn wir allein sind.
Guter Jesus, wir denken an dich und danken dir, dass du uns so sehr liebst.
Jesus, wir haben dich gern. Amen.

Kurze Stille

Lied

»Mit Jesus wollen wir gehen« (Strophen 1–3)

T/M: Franz Kett, aus: Religionspädagogische Praxis, 2/1989, S. 32,
© RPA-Verlag, www.rpa-verlag.de

S 2 liest den Text der ersten Strophe vor, im Gehen wird die Strophe zweimal gesungen. S 1 geht mit der Jesuskerze voran zur nächsten Station.

2. Station: Jesus wird gefangen genommen und verurteilt

Große grüne und schwarze Tücher sind als Garten auf dem Boden ausgelegt. Ein Seil liegt bereit.

Die Klangschale wird zum Stillwerden angeschlagen.
S 1 stellt die Jesuskerze in die Mitte der Tücher.

S 1: Durch die Dunkelheit kommen Soldaten. Judas, einer seiner Freunde, geht ihnen voran. Er hat mit den Soldaten vereinbart: »Wen ich küssen werde, der ist es. Nehmt ihn fest!« Er geht geradewegs auf Jesus zu und küsst ihn. Jesus sagt zu ihm: »Freund, mit einem Kuss verrätst du mich.« Daraufhin nehmen die Soldaten Jesus fest und fesseln ihn.

Das Seil wird um die Kerze herumgeschlungen.

S 1: Wir legen unsere Hände übereinander wie gefesselt.
Wie ist das – gefesselt zu sein?

Kinder erzählen lassen ...

S 1: Was kann man jetzt nicht mehr tun?
Jesu Hände sind gebunden, er kann sie nicht mehr bewegen. Er hat mit seinen Händen so viel Gutes getan, Kranke geheilt, Kinder gesegnet – jetzt sind sie gebunden. Was kann er noch tun?

Sie führen Jesus durch die Nacht fort. Sie bringen ihn zu Pilatus, den römischen Richter. Was soll Pilatus mit Jesus anfangen? Was hat er Böses getan? Da schreien die Menschen: »Hinweg mit ihm, ans Kreuz mit ihm!« Sie schreien ganz laut: »Ans Kreuz, ans Kreuz mit ihm!« Da verurteilt Pilatus Jesus zum Tod.

Wir beten und falten die Hände:
Jesus, wir danken dir für alles Gute, was du mit deinen Händen getan hast.
Guter Jesus, gib uns Hände, die bereit sind, den anderen zu helfen. Amen.

Kurze Stille

Lied
»Mit Jesus wollen wir gehen«

2. Strophe: Mit Jesus wollen wir gehen
den Weg, so steinig und schwer.
Mit Jesus wollen wir gehen
den Weg, so trostlos und leer.

S 1 liest den Text vor, im Gehen wird die Strophe zwei Mal gesungen.
S 2 geht mit der Jesuskerze voran zur nächsten Station.

3. Station: Jesus trägt das Kreuz

Auf dem Boden liegen zwei große braune Tücher als Weg. Am Beginn des Weges ist mit einem Seil ein Tor gelegt.
Einige große Steine, eine Dornenkrone oder Dornenzweige und ein Holzkreuz stehen bereit.

Die Klangschale wird zum Stillwerden angeschlagen.

S 2: Die Soldaten führen Jesus hinaus.

Die Jesuskerze wird ins Tor gestellt.

S 2: Ein schwerer Weg beginnt für Jesus. Was macht den Weg so schwer?

Ca. fünf Kinder bekommen einen Stein und legen ihn auf den Weganfang. Sie sagen dazu, was so schwer ist für Jesus: Ein Freund verrät ihn, das Kreuz ist schwer, Jesus ist allein ... Evtl. auch Antworten anbieten.

S 2: Der Weg ist schwer: Jesus trägt ein schweres Kreuz, er trägt sein Kreuz auf den Berg.

Das Kreuz wird auf den Weg gelegt.

S 2: Auf seinem Kopf trägt er eine Krone aus Dornen.

Mit Dornenzweigen wird eine Krone in die Mitte der Kreuzesbalken gelegt.
Die Jesuskerze wird weitergetragen und in die Dornenkrone hineingestellt.

S 2: Jesus trägt sein Kreuz, er trägt es für uns.

Wir beten und falten die Hände:
Wir beten für die Menschen, die ein Kreuz tragen, die Not leiden, die es schwer haben, die traurig sind, die manchmal denken, es geht nicht mehr weiter.
Du bist bei ihnen, Jesus. Amen.

Kurze Stille

Lied
»Mit Jesus wollen wir gehen«

Strophe 3:
Mit Jesus wollen wir gehen
den Weg des Hohns und des Spotts.
Mit Jesus wollen wir gehen
den Weg, der führt in den Tod.

S 2 liest den Text vor, im Gehen wird die Strophe zwei Mal gesungen.
S 1 geht mit der Jesuskerze voran zur nächsten Station.
S 2 trägt das Holzkreuz.

4. Station: Menschen begegnen Jesus auf dem Kreuzweg

Zwei große braune Tücher sind als Weg gelegt.
Je ca. 10 aus rotem Karton ausgeschnittene Hände und Herzen und ein weißes Tuch liegen bereit.
S 2 legt das Holzkreuz auf den Weg.
S 1 stellt die Kerze in die Mitte des Holzkreuzes.

Die Klangschale wird zum Stillwerden angeschlagen.

S 1: Jesus fällt unter dem Kreuz. Es ist zu schwer. Da kommt ein Bauer vom Feld, er heißt Simon von Zyrene. Die Soldaten sagen zu ihm: »Hilf du das Kreuz tragen!« Er will nicht, doch sie zwingen ihn. So trägt er Jesus das Kreuz, er hilft ihm. Menschen können Jesus helfen, das Kreuz zu tragen, auch wir …
Dafür legen wir Hände auf das Kreuz.

Einige Kinder legen die roten Hände auf den Weg und das Kreuz.

S 1: Auf dem Weg ist Maria, die Mutter Jesu. Sie geht durch alle Menschen hindurch zu Jesus. Sie kann ihm nicht helfen, das Kreuz zu tragen, aber im Herzen geht sie mit, sie ist ihm nah, sie leidet mit.
Als Zeichen, dass wir Jesus nahe sind, legen wir Herzen hin …

Einige Kinder legen ein Herz auf den Weg und das Kreuz.

S 1: Eine Frau – Veronika – hat großes Mitleid mit Jesus. Sie kann nicht nur einfach so zuschauen. Sie will Jesus helfen. Die Leute spotten und lachen, als sie sich durch die Menge nach vorne drängelt, um Jesus ein Tuch zu reichen. Veronika kümmert sich nicht um die anderen und versucht mutig, Jesus zu helfen. Jesus nimmt dankbar das Tuch entgegen und wischt sich das Blut und den Schweiß vom Gesicht.

Das weiße Tuch wird um die Kerze gelegt.

S 1: Jesus trägt das Kreuz bis auf den Berg Golgota. Dort schlagen die Soldaten Jesus ans Kreuz.

Wir beten und falten die Hände:
Wir danken dir, Jesus, für deine Liebe. Wir danken dir für dein Kreuz, das du für uns getragen hast.
Wir bitten dich, lass uns erkennen, wenn andere Menschen Trost und Hilfe brauchen, und lass uns handeln wie Simon, Maria und Veronika. Amen.

Kurze Stille

Lied

»Mit Jesus wollen wir gehen«

Strophe 1–3:
Mit Jesus wollen wir gehen
den Weg hinaus aus der Stadt.
Mit Jesus wollen wir gehen
den Weg, der Schmerzen macht.

Mit Jesus wollen wir gehen
den Weg, so steinig und schwer.
Mit Jeus wollen wir gehen
den Weg, so trostlos und leer.

Mit Jesus wollen wir gehen
den Weg des Hohns und des Spotts.
Mit Jesus wollen wir gehen
den Weg, der führt in den Tod.

S 2 geht mit der Jesuskerze voran zur nächsten Station.
S 1 trägt das Holzkreuz.

5. Station: Das Kreuz wird aufgerichtet

Ein großes schwarzes Tuch bedeckt den Ambo oder ein entsprechendes Pult.
An der Seite steht eine Vase mit knospenden Zweigen bereit.

Die Klangschale wird zum Stillwerden angeschlagen.

Das Kreuz wird von S 1 an den Ambo gestellt.

S 2: Dann richten sie das Kreuz auf.

S 2 stellt die Jesuskerze dazu.

S 2: Unter dem Kreuz stehen Menschen, die lachen, spotten und sagen: »Anderen hat er geholfen, nun soll er sich selber helfen, wenn er Gottes Sohn ist. Steig doch herab vom Kreuz, wenn du wirklich Gottes Sohn bist.«
Jesus hört es. Er betet: »Vater, vergib ihnen, sie wissen nicht, was sie tun.«
Dann betet er: »Vater, in deine Hände lege ich meinen Geist.« Er neigt sein Haupt und stirbt.

S 2 bläst die Kerze aus und schweigt einen Moment.

S 2: Die Menschen gehen weg. Es wird totenstill. Jesus ist tot.
Als Zeichen der Verehrung knien wir hin oder verneigen uns.
In der Stille können wir in unserem Herzen mit Jesus sprechen.

Einige Momente Stille halten.

Lied
»Du bist da, wo Menschen leben« (JuGoLo 297)
Oder: »Das Weizenkorn muss sterben« (GL 210)

S 2: In dieser Stille und im Dunkel, wo alle denken, es ist aus und zu Ende, beginnt sich etwas vorzubereiten. Jesus selbst hat es seinen Freunden gesagt: »Ich werde sterben, aber am dritten Tage werde ich auferstehen.«
Ja, Gott, der Vater, wird ihn von den Toten auferwecken zum neuen Leben.

S 2 stellt knospende Zweige als Zeichen neuen Lebens zur Jesuskerze.

S 2: Wir beten und falten die Hände:
Guter Gott, wir haben gehört, wie dein Sohn Jesus als Verbrecher zum Tode verurteilt wurde, obwohl er unschuldig war. Er wurde gekreuzigt und ist gestorben. Aber das Kreuz ist nicht nur ein Zeichen des Todes, es ist auch ein Zeichen des Lebens. Es sagt uns, dass Jesus lebt und in allem bei uns ist, auch wenn wir leiden. Jesus wird nach drei Tagen aus dem Grab kommen, er wird auferstehen – das feiern wir an Ostern. Darauf freuen wir uns und dafür danken wir dir durch Jesus Christus, unseren Herrn. Amen.
Wir beenden diesen Gottesdienst mit dem Zeichen des Kreuzes:
Im Namen des Vaters und des Sohnes und des Heiligen Geistes.
Amen.

Jugendkreuzweg

Material

CD mit Applaus, CD-Player, langes rotes Tuch (»roter Teppich«), Liedblatt, Osterkerze, Streichhölzer, Klangschale, große Tücher (4 grüne, 4 braune, 4 schwarze), ca. 6–8 Opferlichter, DIN-A5-Zettel für alle Jugendlichen, Handtrommel, 2 Seile, ca. 5 Steine, Dornenkrone oder Dornenzweige, Holzkreuz, Kreuzwegbild verkleinert, Bleistifte, kleines weißes Tuch, ca. 10 rote Hände aus Karton, ca. 10 rote Herzen aus Karton, knospende Zweige in einer Vase.

Die Idee

Unser Anliegen beim Jugendkreuzweg ist, dass die Jugendlichen den Weg Jesu mitgehen und mit ihrem eigenen Leben in Beziehung bringen können. Die Stationen sind gestaltet mit farbigen Tüchern und Symbolen und laden ein zum Hören und Schauen.

Im zweiten Schritt sind die Jugendlichen an jeder Station in anderer Weise eingeladen, ihr eigenes Denken und Fühlen mit einzubringen – in aller Freiheit.

Am Ende jeder Station stehen ein Gebet und die Einladung, in Stille auch selber mit Jesus ins Gespräch zu kommen.

Vorbereitungen

Für den Jugendkreuzweg werden in der Kirche oder im Gemeindesaal fünf Stationen so aufgebaut, dass dazwischen auch ein Weg zu gehen ist. Die Begrüßung und Eröffnung findet in einem Vorraum statt oder evtl. auch im Mittelgang der Kirche. Für die einzelnen Stationen sind in der Kirche oder im Saal große Tücher ausgelegt, so dass die Gruppe jeweils darum herum stehen kann. Die dazugehörenden Materialien sind an den Stationen bereitgelegt.

Weg mit fünf Stationen

Eröffnung

Am Eingang liegt ein langes rotes Tuch aus – wie ein roter Teppich. Jeder und jede Jugendliche, die hereinkommt, wird von der Gottesdienstleitung und den bereits angekommenen Jugendlichen ohne Worte beklatscht und bejubelt wie ein Star, der auftritt, evtl. mit aufgenommenem Applaus von einer CD verstärkt.
Die Osterkerze steht bereit. Die Leitenden nehmen eine Klangschale mit auf den Weg.

Begrüßung

Lieder einsingen

Lied

»Kennst du das alte Lied« (JuGoLo 565)

L: Wir beginnen diesen Gottesdienst im Namen des Vaters und des Sohnes und des Heiligen Geistes, Amen.
Ihr habt euch vielleicht gewundert über die Begrüßung mit »rotem Teppich« und Klatschen.
Wir gehen heute einen Weg mit Jesus. Zum Passahfest der Juden ist er in Jerusalem eingezogen. Die Menschen jubelten ihm zu. Jesus war ein Star. Viele haben ihn bewundert und sind ihm nachgelaufen. Er sollte ihr König werden!
Jesus wurde bejubelt – das ist die eine Seite der Geschichte. Aber Jesus hat nicht nur Freunde. So wie er auftritt, macht er sich auch Feinde. Manche erleben ihn als Bedrohung für ihre Macht und ihren Einfluss. Jubel und Hass liegen nah beieinander.
Jesus zieht sich nicht zurück. Er geht seinen Weg weiter. Er bleibt sich treu, auch als er verlacht, gehetzt und gefoltert wird.
Jedes Jahr gehen wir diesen Weg mit Jesus mit. Manche von euch kennen schon lange den Kinderkreuzweg. Aber jedes Jahr haben wir wieder vieles erlebt und vielleicht auch manches, das nicht so schön war. Und auf der ganzen Welt ist viel passiert, das wir hineinnehmen wollen auf diesen Weg mit Jesus.
Wenn wir den Kreuzweg beten, dann sagen wir: Wir haben einen Gott, der nicht im Himmel geblieben ist, sondern der Mensch geworden ist und in unserem Leiden mit uns ist.
Wir gehen den Weg Jesu mit an verschiedene Stationen in unserer Kirche (oder: in unserem Gemeindesaal).

Dazwischen singen wir jeweils das Lied »Jesus, der Menschensohn«.
Die Osterkerze nehmen wir mit auf den Weg. Sie ist ein Symbol, eine Erinnerung an den auferstandenen Jesus.

S 1 geht mit der Osterkerze den Weg voraus zur 1. Station.

1. Station: Wir hören von Jesus – er hat Angst

Große grüne und schwarze Tücher sind als Garten auf dem Boden ausgelegt. Ca. 6–8 Opferlichte stehen bereit, DIN-A5-Zettel und Bleistifte für alle Jugendlichen und eine Handtrommel (vgl. Bild S. 36).

Die Klangschale wird zum Stillwerden angeschlagen.

S 1: Jesus ist in Jerusalem eingezogen. Die Menschen haben ihm zugejubelt: Jesus soll unser König sein!

Die Jesuskerze wird entzündet. S 1 behält sie bei sich.

S 1: Danach feiert er mit seinen Freunden das Abendmahl. Das war am Paschafest, nachdem die Sonne untergegangen war. Jesus sagt seinen Freunden, den Jüngern, ein schweres, seltsames Wort. Er sagt: »Ich liebe euch so sehr, dass ich mein Leben für euch hingebe. Alles will ich euch geben.«
Nachdem sie das Abendmahl beendet haben, sagt Jesus: »Lasst uns hinausgehen«. Da gehen sie hinaus. Es ist Nacht. Sie gehen zu einem Garten – Getsemani heißt er. Die Jünger kennen den Garten, sie waren dort oft mit Jesus gewesen. Doch jetzt ist es Nacht.

Von S 2 wird eine Trommel geschlagen.
S 1 stellt die Jesuskerze mitten in den Garten.

S 1: Jesus ist allein in der Dunkelheit. Große Angst befällt ihn, er beginnt zu zittern und zu beben. Er weiß, dass er viel leiden wird, dass ein Freund ihn verraten wird, dass sie ihn gefangen nehmen werden und er sterben wird. Da fällt er zu Boden und betet mit aller Kraft zu Gott seinem Vater: »Vater, lass das Schwere

an mir vorübergehen. Nimm es von mir! Doch nicht wie ich will, sondern wie du willst, so soll es geschehen.«
Jesus geht den Weg in die Dunkelheit und Angst. Er weicht nicht aus.
Jesus geht für uns. Deshalb kann er in unserer Angst auch bei uns sein. Er weiß, wie das ist. Wir können ihm unsere Angst sagen und bringen. Er will sie mit uns tragen.

S 1 an die Jugendlichen:
Die Frage ist: Wo habe ich Angst? Wo erlebe ich Unsicherheit? In meinem Alltag, in der Schule, in der Familie, unter Freunden und Freundinnen?

Die Jugendlichen bekommen DIN-A5-Zettel, auf die sie ihre Angstsituationen aufschreiben können. Die Zettel werden von den Jugendlichen zur Kerze gelegt – mit der Schrift nach unten.

S 1: Wer will sagen, was er oder sie geschrieben hat?

Eine kleine Weile warten. Wenn niemand etwas sagen will, ist das auch in Ordnung.
Zu jedem Satz des folgenden Gebetes wird ein vorher angezündetes Opferlicht auf die Zettel gestellt.

S 1: Wir beten:
Guter Jesus, du bist für uns in den dunklen Garten gegangen, in die Nacht und in die Angst.
Du siehst, was uns bewegt, unsere Angst und unsere Trägheit.
Du weißt, wie schwer es ist, sich gegen die Masse zu stellen.
Du willst uns nahe sein, wenn wir Angst haben, wenn wir allein stehen.
Wenn wir am Boden sind, richtest du uns wieder auf.
Wenn wir uns ohnmächtig und kraftlos fühlen,
lässt du uns neue Kraft entdecken.
Dafür danken wir dir. Amen.

Wir laden euch ein, jetzt in der Stille mit Gott bzw. mit Jesus ins Gespräch zu kommen, ihm etwas zu sagen von eurer Angst.

Kurze Stille

Lied

»Jesus, der Menschensohn« (JuGoLo 76)

Der Text wird zuerst vorgelesen, dann wird das Lied mehrere Male im Gehen bis zur nächsten Station gesungen.

S 2 trägt die Jesuskerze vor den Jugendlichen auf dem Weg.

2. Station: Jesus wird gefangen genommen und verurteilt

Große grüne und schwarze Tücher sind als Garten auf dem Boden ausgelegt.
Ein Seil liegt bereit (vgl. Bild S. 38).

Klangschale wird zum Stillwerden angeschlagen.
S 2 stellt die Jesuskerze in die Mitte der Tücher.

S 2: Durch die Dunkelheit kommen Soldaten. Judas, einer der Freunde Jesu, geht ihnen voran. Er hat mit den Soldaten vereinbart: »Wen ich küssen werde, der ist es. Nehmt ihn fest!« Er geht geradewegs auf Jesus zu und küsst ihn. Jesus sagt zu ihm: »Freund, mit einem Kuss verrätst du mich.« Daraufhin nehmen die Soldaten Jesus fest und fesseln ihn.

Das Seil wird um die Kerze herumgeschlungen.

Jesu Hände sind gebunden, er kann sie nicht mehr bewegen. Er hat mit seinen Händen so viel Gutes getan, Kranke geheilt, Kinder gesegnet – jetzt sind sie gebunden.
All das, was diese Hände getan haben: aus und vorbei. Kein zärtliches Streicheln mehr, keine heilende Berührung, kein behutsames Aufrichten, keine Hand, die segnet.

Gott hält uns in seinen Händen – so heißt es in einem Psalm.
Daran hat auch Jesus geglaubt. So wollen wir beten:

»Geborgen ist mein Leben in Gott.
Er hält mich in seinen Händen.«

A: Geborgen ist mein Leben in Gott.
Er hält mich in seinen Händen.

S 2: Manchmal habe ich Angst. Ich bin ganz allein.
Wer ist da, der mich tröstet?
A: Geborgen …

S 2: Manchmal bin ich sehr traurig. Oft weiß ich nicht, warum …
Wer ist da, der mich in seinen Arm nimmt?
A: Geborgen …

S 2: Manchmal habe ich das Gefühl, dass niemand mich leiden mag.
Oft mag ich mich selbst nicht. Wer ist da, der mich verstehen will?
A: Geborgen …

S 2: Manchmal bin ich feige. Ich traue mich nicht, den Mund aufzumachen.
Ich habe nicht den Mut, das Rechte zu tun. Wer ist da, der mir hilft?
A: Geborgen …

S 2: Manchmal habe ich Angst vor dem Sterben. Ich versuche, mir das vorzustellen.
Wer ist da, der mich in dieser Angst begleitet?
A: Geborgen …
Quelle unbekannt

S 2: Sie führen Jesus durch die Nacht fort. Sie bringen ihn zu Pilatus, den römischen Richter. Was soll Pilatus mit Jesus anfangen? Was hat er Böses getan? Da schreien die Menschen: »Hinweg mit ihm, ans Kreuz mit ihm!« Sie schreien ganz laut: »Ans Kreuz, ans Kreuz mit ihm!« Da verurteilt Pilatus Jesus zum Tod.

Wir beten:
Jesus Christus, wo ich keinen Ausweg sehe,
bleibst du mir nahe mit deiner Kraft.
Was ich kaum ertragen kann, hältst du mit mir aus.
Wo ich alleine bin, stehst du zu mir.
Wenn ich nicht mehr weiterkann, trägst du mich,
auch wenn ich das nicht immer spüre. Amen.

Wir laden euch ein, jetzt in der Stille mit Gott bzw. mit Jesus ins Gespräch zu kommen, ihm etwas zu sagen von eurer Angst.

Kurze Stille

Lied
»Jesus, der Menschensohn« (JuGoLo 76)

S 1 trägt die Jesuskerze vor den Jugendlichen auf dem Weg.

3. Station: Jesus trägt das Kreuz

Auf dem Boden liegen zwei große braune Tücher als Weg. Am Beginn des Weges ist mit einem Seil ein Tor gelegt.
Einige große Steine, eine Dornenkrone oder Dornenzweige und ein Holzkreuz stehen bereit (vgl. Bild S. 40).
Kopien des Kreuzwegbildes und Bleistifte liegen bereit.

Klangschale wird zum Stillwerden angeschlagen.

S 1: Die Soldaten führen Jesus hinaus. Er hat das Kreuz aufgehoben. Das Holz liegt auf seiner Schulter. Er schleppt den Balken des Todes zum Ort seines Sterbens.

Die Jesuskerze wird in das Tor gestellt.

S 1: Ein schwerer Weg beginnt für Jesus.

Vier bis sechs Steine werden auf den Weganfang gelegt.

S 1: Der Weg ist schwer: Jesus trägt ein schweres Kreuz, er trägt sein Kreuz auf den Berg. Der Weg ist weit. Jesus ist allein. Ein Freund hat ihn verraten …

Das Holzkreuz wird auf den Weg gelegt.

S 1: Auf seinem Kopf trägt er eine Krone aus Dornen.

Mit Dornenzweigen wird eine Krone in die Mitte der Kreuzesbalken gelegt. Die Jesuskerze wird weitergetragen und in die Dornenkrone hineingestellt.

S 1: Jesus trägt sein Kreuz, er trägt es für uns.
Wo haben wir es schwer? Was macht den Weg so schwer? Auch für uns?
Wo bekomme ich Schwierigkeiten, wenn ich sage, was ich denke?
Wenn ich tue, was ich für richtig halte?
Wo bekomme ich zu spüren, dass andere mir das Leben schwer machen?

Ihr bekommt jetzt ein Blatt mit einem Ausschnitt aus dem Kreuzweg:
Jesus trägt das Kreuz auf den Schultern.
Schaut euch zuerst das Bild eine Weile an. Wie geht es euch damit? Was spürt ihr, wenn ihr das Bild seht, in euch?
Mit dem Bleistift könnt ihr das Bild weitermalen: Was ist da am Weg Jesu? Oder ihr malt eure Lasten, eure Schwierigkeiten …
Und ihr könnt dann das Bild gerne mitnehmen!

Blätter und Stifte werden ausgeteilt. Ca. 5 Minuten Zeit lassen.

S 1: Wir beten:
Jesus, du siehst mich, wenn ich von anderen abgelehnt werde und wenn ich andere ablehne.
Du siehst mich, wenn ich Spannungen aushalte und wenn ich sie nicht mehr aushalten kann.
Du siehst mich, wenn ich keine Wahl mehr habe und gezwungen werde.
Du siehst mich und bist in allem mit mir mit deiner lebendigen Kraft. Amen.

Wir laden euch ein, jetzt in der Stille mit Gott bzw. mit Jesus ins Gespräch zu kommen.

Kurze Stille

Lied
»Jesus, der Menschensohn« (JuGoLo 76)

S 2 trägt die Jesuskerze vor den Jugendlichen auf dem Weg.
S 1 trägt das Holzkreuz.

4. Station: Menschen begegnen Jesus auf dem Kreuzweg

Zwei große braune Tücher sind als Weg gelegt.
Je ca. 10 aus rotem Karton ausgeschnittene Hände und Herzen, ein weißes Tuch liegen bereit (vgl. Bild S. 42).
S 1 legt das Holzkreuz auf den Weg.
S 2 stellt die Kerze in die Mitte des Holzkreuzes.

Die Klangschale wird zum Stillwerden angeschlagen.

S 2: Jesus fällt unter dem Kreuz. Es ist zu schwer. Seine Kraft reicht nicht. Da kommt ein Bauer vom Feld, er heißt Simon von Zyrene. Die Soldaten sagen zu ihm: Hilf du das Kreuz tragen! Er will nicht, doch sie zwingen ihn. So trägt er Jesus das Kreuz, er hilft ihm.

S 2 verteilt die Hände um das Kreuz herum.

S 2: Am Weg ist Maria, die Mutter Jesu. Sie geht durch alle Menschen hindurch zu Jesus. Sie kann ihm nicht helfen, das Kreuz zu tragen, aber im Herzen geht sie mit, sie ist ihm nah, sie leidet mit.

S 2 legt die Herzen um das Kreuz herum.

S 2: Eine Frau – Veronika – hat großes Mitleid mit Jesus. Sie kann nicht nur einfach so zuschauen. Sie will Jesus helfen. Die Leute spotten und lachen, als sie sich durch die Menge nach vorne drängelt, um Jesus ein Tuch zu reichen. Veronika kümmert sich nicht um die anderen und versucht mutig, Jesus zu helfen. Jesus nimmt dankbar das Tuch entgegen und wischt sich das Blut und den Schweiß vom Gesicht.

S 2 legt das weiße Tuch um die Kerze.

Zwei bis drei Erwachsene erzählen kurz, wo sie als Jugendliche leidvolle Erfahrungen gemacht haben und wie der Glaube an Jesus sie gestärkt hat.

Die Jugendlichen werden spontan in Kleingruppen zu vier bis sechs Personen eingeteilt – jeweils mit einem Erwachsenen.
Ca. 10 Minuten Austausch zu den Fragen:

Wie geht es mir mit dem, was ich gehört habe?
Wem helfe ich, etwas Schweres zu tragen? Wer hilft mir?
Mit wem habe ich Mitleid?
Wem möchte ich helfen und kann es nicht?

Dann versammeln sich wieder alle um das Kreuz.

S 2: Jesus trägt das Kreuz bis auf den Berg Golgota. Dort schlagen die Soldaten Jesus ans Kreuz. Er hat gesagt: »Ich liebe euch so sehr, dass ich mein Leben für euch hingebe. Alles will ich euch geben.«

Wir beten:
Wir danken dir, Jesus, für deine Liebe. Wir danken dir für dein Kreuz, das du für uns getragen hast.

Wir bitten dich, lass uns erkennen, wenn andere Menschen Trost und Hilfe brauchen, und lass uns handeln wie Simon, Maria und Veronika.
Ich will den Mund aufmachen, auch wenn meine Stimme schwach ist. Ich will mein Gesicht zeigen, auch wenn ich mich lieber verstecken würde. Dafür brauche ich deine Hilfe. Amen.

Wir laden euch ein, jetzt in der Stille mit Gott bzw. mit Jesus ins Gespräch zu kommen.

Kurze Stille

Lied
»Jesus, der Menschensohn« (JuGoLo 76)

S 1 trägt die Jesuskerze vor den Jugendlichen auf dem Weg.
S 2 trägt das Holzkreuz.

5. Station: Das Kreuz wird aufgerichtet

Ein großes schwarzes Tuch bedeckt den Ambo oder ein entsprechendes Pult. An der Seite steht eine Vase mit knospenden Zweigen bereit (vgl. Bild S. 44).

Die Klangschale wird zum Stillwerden angeschlagen.

Das Kreuz wird an den Ambo gestellt.

S 1: Dann richten sie das Kreuz auf.

Die Jesuskerze wird vor das Kreuz gestellt.

S 1: Unter dem Kreuz stehen Menschen, die lachen, spotten und sagen: »Anderen hat er geholfen, nun soll er sich selber helfen, wenn er Gottes Sohn ist. Steig doch herab vom Kreuz, wenn du wirklich Gottes Sohn bist.«
Jesus hört es. Er betet: »Vater, vergib ihnen, sie wissen nicht, was sie tun.«
Dann betet er: »Vater, in deine Hände lege ich meinen Geist.« Er neigt sein Haupt und stirbt.

S 1 bläst die Kerze aus und schweigt einen Moment.

S 1: Die Menschen gehen weg. Es wird totenstill. Jesus ist tot.
Als Zeichen der Verehrung knien wir hin oder verneigen uns.
In der Stille können wir in unserem Herzen mit Jesus sprechen.

Einige Momente Stille halten.

Lied

»Kennst du das alte Lied?« (JuGoLo 565)

S 1: In dieser Stille und im Dunkel, wo alle denken, es ist aus und zu Ende, beginnt sich etwas vorzubereiten. Jesus selbst hat es seinen Freunden gesagt: Ich werde sterben, aber am dritten Tage werde ich auferstehen.
Ja, Gott, der Vater, wird ihn von den Toten auferwecken zum neuen Leben. Jesu Tod erscheint in einem neuen Licht. Kein sinnloser Tod. Aus Gottes Sicht ein Mensch, der sich für andere hingibt. Ein Mensch, von dem sich Gott nicht abwendet.
Ja. Dieser Mensch ist Gottes Sohn.

S 1 holt die Vase mit den knospenden Zweigen als Zeichen neuen Lebens und stellt sie zur Jesuskerze.

S 1: Wir beten:
Lebendiger Gott. Du lässt Menschen, die leiden nicht allein. Schreibe mir ins Herz, dass du bei mir bist. Öffne mir die Augen für dein Mitgehen. Wecke in mir die lebendige Hoffnung, dass deine Liebe siegt.
Dein Sohn Jesus wurde als Verbrecher zum Tode verurteilt wurde, obwohl er unschuldig war. Er wurde gekreuzigt und ist gestorben. Aber das Kreuz ist nicht nur ein Zeichen des Todes, es ist auch ein Zeichen des Lebens. Es sagt uns, dass Jesus lebt und in allem bei uns ist, auch wenn wir leiden.
Jesus wird nach drei Tagen aus dem Grab kommen, er wird auferstehen – das feiern wir an Ostern. Darauf freuen wir uns und dafür danken wir dir durch Jesus Christus, unseren Herrn. Amen.

Wir beenden diesen Gottesdienst mit dem Zeichen des Kreuzes:
Im Namen des Vaters und des Sohnes und des Heiligen Geistes.
Amen.

Karfreitag

Material und Vorbereitung

- Zwei Baustahlmatten werden jeweils in einem Ständer aufgestellt.
- Die Stacheldrahtrolle wird auf den Baustahlmatten angebracht.

Bereithalten:

- Eisenstange
- Kreuz (verhüllt), zwei Leuchter, Vase mit Rosen
- Sandschale auf einem Ständer, Weihrauchkörner und Kohle
- Die Gottesdienstbesucher haben einen Zettel und Stifte auf ihrem Stuhl.
- Für die Lesung der Passion die acht Rollen auf Sprecher und Sprecherinnen verteilen.

Die Liturgie des Karfreitags ist geprägt von sechs Elementen:

- Der erste Schritt benennt das aktuell erfahrbare Leid durch Not, Gewalt, Ungerechtigkeit und stellt es in einem Bild vor Augen.
- Im zweiten Schritt schauen wir direkt auf das Leiden und Sterben Jesu in der Passion nach Johannes. Auf eine weitere Lesung wird verzichtet.
- Die Predigt versucht, die beiden Elemente zu verbinden.
- Wenn bei der Kreuzerhebung das Kreuz mitten in das Bild gehängt wird, das für das aktuelle Leid der Welt steht, dann wird diese Verbindung auch rituell vollzogen.
- In den Fürbitten bringen wir zum Ausdruck, dass wir mit unserem Leid und der Not der ganzen Welt zu Gott kommen können.
- Für die individuelle Kreuzverehrung ist nach dem Segensgebet bewusst viel Raum gelassen.

Die Idee – »Grenzen überwinden«

Das Thema *Grenzen* ist zuerst aus der Situation der Flüchtlingsströme 2015 über den Balkan und das Schließen der Grenzen dort entstanden. Dabei wurde schnell deutlich, dass das Thema Grenzen viel umfassender ist und unterschiedliches Leid hervorruft.

Das Bild vom Grenzzaun, der geschlossen wird, soll das Thema greifbar machen. Die Schläge, mit denen die Grenzelemente aufeinander zu geschoben werden, sollen durchaus hörbar sein. Das Kreuz, das dann an die Baustahlmatte gehängt wird, will

sichtbar machen, dass Gott mitten im Leid gegenwärtig ist. Indem die am Gottesdienst Teilnehmenden ihre beschrifteten Zettel dazugeben, verbindet sich das individuelle Leid mit dem allgemeinen.
So sind dann auch in den Fürbitten die persönlichen Anliegen und die großen Anliegen der Welt gegenwärtig.

Bild und Aktion

Zwei Baustahlmatten mit Stacheldrahtrolle als Bild für Grenzen stehen möglichst weit auseinander. Nach jedem Abschnitt der Einführung wird eine Baustahlmatte mit der Eisenstange vom Sprecher ein Stück auf die andere zugestoßen. Das soll durchaus laut hörbar sein. Am Ende soll die »Grenze« geschlossen sein.

Liturgie

Einzug in Stille

Gebet

L: Gott, der Tod gehört unausweichlich zum Schicksal des Menschen.
Seit Adam und Eva ist der Tod uns allen mitten ins Herz geschrieben.
Hilf uns, auf den neuen Adam zu schauen und lass das Bild Jesu Christi
in unseren Herzen wachsen, damit wir in ihm und durch ihn das Leben finden,
heute und alle Tage, bis in Ewigkeit.
Amen.

L: Überblick über den Ablauf der Feier

Einführung: Gedanken zu Kreuz und Leid

Aktuelle Situationen von Leid werden benannt.
Eine Stahlmatte wird mit einer Eisenstange jeweils ein Stück weitergeschoben, bis die beiden Teile geschlossen sind.

S 1: Wir sind gekommen, um innezuhalten.
Wir besinnen uns auf all das, was uns einengt und uns Sorgen bereitet:
Angst, Gewalt, Leid und Überforderung in unserem Leben und in der Welt, äußere Grenzen und innere Grenzen.

S 1: Das Thema, das unsere Gesellschaft zurzeit am meisten bewegt und beschäftigt, ist die Situation der Flüchtlinge, die weltweit unter Lebensgefahr vor Krieg und Tod fliehen müssen.
Viele Hindernisse auf ihrem Weg behindern ihr Weiterkommen. Die verzweifelten Menschen, darunter viele Kinder, müssen oft in Lagern, in großer Hitze oder in Kälte und Nässe ausharren und wissen nicht, wie es weitergehen soll – Grenzen der Freiheit.

S 1 bewegt mit ein bis zwei Schlägen die Baustahlmatte.

S 2: Ständig erreichen uns grausame Bilder und Nachrichten.
Das Ausmaß an Terror in der Welt ist fast immer in Echtzeit für uns sichtbar. Auf diese Weise rückt die Gewalt uns immer näher, verändert viele Menschen in unserer Gesellschaft. Rohheit breitet sich aus: Hetze in den sozialen Medien, offen zur Schau getragener Rassismus, brennende Flüchtlingsheime.
Aber auch in privaten Konflikten nimmt die Aggression häufig zu, oft auch mit Waffengewalt – Grenzen der Barmherzigkeit.

S 2 bewegt mit ein bis zwei Schlägen die Baustahlmatte.

S 1: Nicht nur in unseren Nachbarländern ist ein politischer Wandel zu beobachten, der uns Sorgen bereitet. In Polen und Ungarn sind die Grundfesten der Demokratie in Gefahr.
Die nationalen Interessen stehen im Vordergrund der Politik. Vielen Staaten geht es in der EU nur um ihre eigenen Interessen. Die zunehmende Not der Menschen in anderen Ländern wird ignoriert. Ein Klima, das sich aber auch in Deutschland ausbreitet wie eine ansteckende Krankheit – Grenzen der Menschlichkeit.

S 1 bewegt mit ein bis zwei Schlägen die Baustahlmatte.

S 2: In vielen Teilen der Erde machen sich die schlimmen Folgen des Klimawandels deutlich bemerkbar. Überschwemmungen und Dürren treten häufiger auf und haben zerstörende Wirkungen. Betroffen sind besonders die armen Länder. Ernten gehen verloren, Häuser und Felder werden zerstört, manche Gebiete werden unbewohnbar. Menschen verhungern, verdursten, ertrinken. Millionen von ihnen bleibt nur die Flucht – Grenzen des Lebens.

S 2 bewegt mit ein bis zwei Schlägen die Baustahlmatte.

S 1: Dagegen erscheinen unsere persönlichen Grenzerfahrungen eher bescheiden und harmlos und doch bedrücken sie viele. Wir wollen zwei davon nennen:
Viele von uns stehen in der sogenannten »Mitte des Lebens«. Sie erleben die Herausforderung, ihre erwachsen werdenden Kinder loszulassen und die eigenen Eltern auf dem letzten Abschnitt ihres Lebenswegs zu begleiten.
In dieser Lebensphase stellen sich viele die Frage: »Soll das schon alles gewesen sein?« Unsicherheiten und Ängste tauchen auf. Es gilt, sich neu im Leben auszurichten – Grenzen des Vertrauens.

S 1 bewegt mit ein bis zwei Schlägen die Baustahlmatte.

S 2: Junge Menschen fragen sich, wie sieht meine Zukunft aus? Sie müssen sich in Schule, Ausbildung, Beruf und Lebensplanung beweisen. Die Erwartungen von Familie und Gesellschaft sind hoch – oft zu hoch. Aber auch die eigenen Ansprüche sind groß. Die Angst, dem Druck nicht standzuhalten und zu versagen, wird bedrohlich – Grenzen der Zuversicht.

S 2 bewegt mit ein bis zwei Schlägen die Baustahlmatte, bis sie ganz geschlossen ist.

Kreuz und Leid im Leben der am Gottesdienst Teilnehmenden

L: Sie sind eingeladen, jetzt in Stille Ihre eigenen Erfahrungen mit Grenzen, Ihr eigenes Leid, Ihre Klagen, Ihre Fragen auf die Zettel zu schreiben, die Sie an Ihrem Platz vorfinden. Anschließend können Sie Ihren Zettel an den Stacheldraht heften oder auf die Mattendrähte legen *(siehe Bild)*.
Diese Zettel werden zum Teil später als Fürbitten vorgelesen. Wer nicht möchte, dass sein Zettel vorgelesen wird, macht in die Ecke ein Kreuz.

Die Gottesdienstteilnehmenden bringen ihre Zettel in Stille nach vorne.

Lied

»Aus der Tiefe rufe ich zu dir« (GL 283,1–4)

Passion

Johannesevangelium 18,1–19,42

Erzähler und Jesus-Sprecher stehen am Ambo, Rolle 1–8 bleibt am Platz im Gottesdienstraum verteilt. Die Sprecher stehen jeweils zum Lesen auf.
Bei einem Plural, z. B. »die Juden«, stehen alle auf und sprechen gemeinsam.

Rollen:

- *Kajaphas (1)*
- *Pförtnerin (2)*
- *Petrus (3)*
- *Knecht des Hohepriesters (4)*
- *Knechte im Hof (5)*
- *Pilatus (6)*
- *Pharisäer, Juden, Hohepriester (7)*
- *Soldaten (8)*

Lied

»O Haupt voll Blut und Wunden« (GL 289,1–3)

Predigt *(siehe unten)*

Kreuzerhebung

Einzug mit verhülltem Kreuz und zwei Leuchtern.
Die Kreuzerhebung erfolgt in drei Stationen der Enthüllung. Bei jeder Station wird ein Teil des Kreuzes enthüllt.
Dazu kann ein Vers gesungen werden, vgl. GL 308,2 und 3.
Nachdem das Kreuz ganz enthüllt ist, wird es mitten in das »Bild« der geschlossenen Grenze gehängt.

Kreuzverehrung

Es folgt die Kreuzverehrung durch L und die Ministranten in der üblichen Weise.

Fürbitten

L: Treten wir nun vor Gott mit all den Anliegen der Welt, der Kirche und unseren eigenen Nöten und Sorgen.

S 1: Lasst uns beten für die Kirche Jesu Christi auf Erden, dass sie sich leiten lasse von Jesu Wort und Vorbild.
Gott, dein Sohn hat uns seine Botschaft anvertraut. Es sind Menschen, die immer wieder neu seine Botschaft verkünden und leben. Vergib allen, die durch ihr Reden und Tun diese Botschaft eher verdunkeln und anderen zum Ärgernis werden.
Stärke in uns und allen, die an deiner Kirche leiden, den Glauben, dass DU auch in dunklen Zeiten mit uns auf dem Weg bist.

Lied

»Kyrie eleison« (GL 154)

S 2: Lasst uns beten für alle Menschen, die unter den Folgen von Krieg, Missbrauch und Gewalt zu leiden haben. Öffne die Herzen vieler Menschen, dass sie einander helfen, Wunden zu heilen und die Trauernden zu trösten.
Wecke vor allem bei der jungen Generation die Sehnsucht nach Frieden.

»Kyrie eleison«

S 1: Lasst uns beten für die Völker im Nahen Osten, dass Gott Juden und Palästinensern helfe, Misstrauen und Hass zu überwinden und in Frieden miteinander zu leben.
Gott, dein Volk und das Land, das du ihm zugewiesen hast, lebt in Unfrieden und ständiger Bedrohung für alle seine Bewohner. Gib, dass die streitenden Völker einander begegnen unter deiner Verheißung, die du Abraham und seinen Söhnen Ismael und Isaak gegeben hast.

»Kyrie eleison«

S 1: Lasst uns beten für alle Menschen, die im Blick auf ihre Zukunft und die ihrer Kinder in Ängsten und Unsicherheit leben. Lasst uns auch beten für alle, die in

ihrer Arbeit großem Druck ausgeliefert sind und von denen immer mehr erwartet wird.
Gott, lass sie erkennen, was dem Leben mehr dient, und gib ihnen Kraft, neue Wege zu gehen.

»Kyrie eleison«

S 2: Lasst uns beten für alle, deren Beziehungen zerbrochen sind und die mit ungelösten Konflikten belastet sind. Gott, gib ihnen Mut und Fantasie, ihren Weg zu finden und zu gehen, die Sprachlosigkeit zu überwinden und Versöhnung zu leben.

»Kyrie eleison«

S 1: Lasst uns beten für die ganze Schöpfung, die unter der Missachtung durch die Menschen zu leiden hat. Gott, gib uns allen die notwendige Aufmerksamkeit und die Bereitschaft, uns für die Bewahrung deiner Schöpfung einzusetzen.

»Kyrie eleison«

Aus den Zetteln an der Baustahlmatte werden jetzt in Stille drei Mal drei Zettel ausgesucht. Es wird darauf geachtet, keine Zettel mit Kreuz zu nehmen.

L: Wir verbinden uns mit den Anliegen aus unserer Mitte.

Je drei Zettel werden vorgelesen, dazwischen jeweils das Kyrie gesungen.

Vaterunser

Segensgebet

L: Herr, unser Gott,
reicher Segen komme herab auf dein Volk,
das den Tod deines Sohnes gefeiert hat
und die Auferstehung erwartet.
Schenke uns Verzeihung und Trost,
Wachstum im Glauben und in der Liebe.
Darum bitten wir durch Christus, unseren Herrn.

Einladung zur persönlichen Kreuzverehrung

L gibt folgende Hinweise:

Alle sind eingeladen zur persönlichen Verehrung des Kreuzes in der Weise, die ihnen entspricht: Kniebeuge, Verneigung, Berührung des Kreuzes.

In einer Sandschale auf einem Ständer liegt eine glühende Kohle. Man kann ein paar Weihrauchkörner auf die Kohle legen: Das Harz aus den Wunden der Bäume verwandelt sich in wohlriechenden Duft …

Vorbereitungsgruppe beginnt.

Lieder zur Kreuzverehrung

»Misericordias Domini« (GL 657), »Bleibet hier und wachet mit mir« (GL 286), »Hágios ho Theós« (GL 300), »O du hochheilig Kreuze« (GL 294), »Ubi caritas et amor« (GL 285)

Predigt

Wir schauen auf das Leid in der Welt und wir schauen auf das Leiden und Sterben Jesu vor 2000 Jahren. Viele Menschen haben seither gelitten, sind grausame Tode gestorben. Not und Leid bewegen seit Menschengedenken die Welt.

Und immer wieder verwenden die Menschen viel Kraft und Zeit darauf, das Leid und die Not klein zu halten, sich und den Lieben ein gelungenes Leben zu ermöglichen.

Doch da ist eben auch die andere Seite, von der wir zu Beginn des Gottesdienstes gehört haben.

Sie haben auf den Zetteln Ihre Erfahrungen dazugelegt.

Schon seit Jahren gibt es Menschen, die nach Europa kommen, weil sie sich hier ein besseres Leben erhoffen. Daran haben sich viele schon gewöhnt. Doch jetzt kommen plötzlich ganz viele. In den Medien gibt es fast kein anderes Thema mehr. Man kann nicht mehr wegschauen. Mit den Flüchtlingen kommt das große Leid in den Blick, das in vielen Ländern herrscht, die bisher oft als Urlaubsländer galten. Die große Zahl von Flüchtlingen macht deutlich: Die Welt ist nicht heil. Viele müssen um ihr Leben kämpfen, seien es Wirtschaftsflüchtlinge, Klimaflüchtlinge oder Kriegsflüchtlinge.

Das macht nicht nur unsicher oder eben Sorge. Da kommt etwas auf unsere Gesellschaft zu, womit sie schlecht umgehen kann und was vielen Angst macht. Die einen können und wollen das Thema nicht an sich dranlassen und reagieren ablehnend, posten Hetzparolen oder zünden Asylunterkünfte an. Andere lassen sich auf die Herausforderung ein, helfen mit ihren Möglichkeiten, machen neue Erfahrungen.

In dieser Situation schauen wir auf Jesus. Sein Leben und seine Botschaft machen deutlich, wie sehr es ihm darum geht, dass ein gutes Leben möglich ist. Dabei weicht er der Realität nicht aus.

Er holt die Menschen, die durch Krankheit oder Schuld an den Rand geraten sind, wieder in die Gemeinschaft.

Es gibt aber noch andere Dinge, die Leid und Not hervorrufen: die Intrigen der Macht und des Geldes. Beides zusammen erscheint allmächtig. Jesus wird in diesem System zum Störenfried. Sein Bild vom Leben besteht nicht aus Grenzen und Zäunen. Er lebt aus der Zuversicht, dass das Leben, so wie es von Gott kommt, für alle und nicht nur für eine bestimmte Schicht möglich ist. So gerät er in das Räderwerk der Macht, wie so viele noch nach ihm. Sein Tod und der Tod der vielen, die für das Leben eingestanden sind, ist eine Katastrophe. Die Frage nach dem Warum ist bohrend.

Man hätte seinen Tod genauso vergessen, wenn da nicht die Erfahrung von Ostern dazugekommen wäre. Die Frauen und Männer, die mit Jesus unterwegs waren, sind entmutigt, voller Angst angesichts der Mächte und Gewalten, die so viel Leid und Not schaffen.

Was kann die Angst, die Lähmung überwinden?

Schon das Schauen auf Jesus in seiner Passion zeigt einen Menschen, der sich seine Würde bewahrt. Er wirft sein Leben nicht weg. Er hat auch in seinem Leiden ein Herz für die Menschen um ihn. Das beschönigt nicht den Tod. Es legt vielmehr eine Spur zu dem, was wir Oster-Erfahrung nennen:

Das Leben, das Gott geschaffen hat, zeigt sich dort, wo Menschen ihr Herz füreinander öffnen; dort, wo sie sich nicht von den Mächten und Gewalten einschüchtern lassen; dort, wo man nicht einfach macht, was alle machen, weil man eigentlich weiß, dass es für das Ganze schädlich ist.

Es ist diese Spur des Lebens, die Jesus sichtbar gemacht hat, die es uns ermöglicht, dem zu trauen, was wir heute und an Ostern feiern:

»Wir können dem Leben trauen, weil Gott es mit uns lebt.« (A. Delp)

Das gilt allen Menschen. Jenen, denen es gut geht und die sich am Leben freuen, und jenen, denen es angesichts von Not und Leid schwerfällt, immer wieder dieses Vertrauen aufzubringen.

Alle sind eingeladen, auf Jesus zu schauen. In ihm bezeugt Gott, dass sein Ja zur Schöpfung auch dort gilt, wo wir es am wenigsten vermuten: in Leid und Not.

Deshalb werden wir nachher das Kreuz mitten in dieses Bild der verschlossenen Grenze hängen, die auch all unsere Nöte und Leiden enthält, die auf den vielen Zetteln stehen.

Ostern

Material und Vorbereitung

- Die zwei Baustahlmatten mit Stacheldraht werden geöffnet.
- Die Öffnung wird mit Blumengestecken und Efeu o. Ä. geschmückt.
- Der Leuchter für die Osterkerze steht in der Mitte.
- Als Hintergrund kann ein gelbes Tuch Zeichen für Licht sein.
- Das Kreuz bleibt an seinem Platz.
- Schüsseln und Ständer für die Tauferneuerung bereitstellen.
- Liedblätter für alle Teilnehmenden kopieren.

Die Idee

Die Feier der Osternacht haben wir in ihrer wesentlichen Struktur vom Messbuch übernommen. Dort sind acht Lesungen vorgesehen. Die Veränderungen dienen der größeren Klarheit, die es den am Gottesdienst Teilnehmenden leichter machen will, die Zusammenhänge zu erfassen.
In einer Einführung nach dem »Exultet« wird die Struktur der Osternacht mit ihren vier Teilen verdeutlicht. Dabei wird auch das verwandelte Bild vom Karfreitag auf Ostern hin gedeutet.
Die Lesungen, die man auch jährlich verändern kann, haben das Ziel, den Weg Gottes mit den Menschen aufzuzeigen. Dem dient zum Beispiel auch eine Zusammenfassung der Urgeschichte, die zwischen der zweiten und dritten Lesung eingefügt werden kann.
Die neutestamentliche Lesung aus dem Römerbrief findet sich im dritten Teil, da sie sich auf die Taufe bezieht und dort den Zusammenhang verdeutlicht.
Durch die mystagogisch geprägten Erklärungen und Zwischentexte erscheint uns eine zusätzliche Predigt nicht notwendig.
Bei der Tauferneuerung im dritten Teil sollten alle die Möglichkeit haben, diese auch rituell zu vollziehen, indem sie sich mit dem neu geweihten Taufwasser bekreuzigen. Je nach Anzahl der Gottesdienstteilnehmenden sollte dazu eine entsprechende Anzahl von Schüsseln bereitstehen, die nach dem Glaubensbekenntnis mit Taufwasser gefüllt und auf verschiedene Plätze im Raum verteilt werden. Dazu kann, wie beim Kommunionempfang, Musik erklingen.

Feier der Osternacht in vier Teilen

1. Teil: Feuer und Licht

Die Osterkerze wird am Feuer vor der Kirche entzündet. (Siehe Messbuch)
Alle gehen in die Kirche an ihre Plätze.

Einzug mit der Osterkerze
K stimmt drei Mal das »Lumen Christi« an.

A: Deo Gratias.

Das Licht der Osterkerze wird von den Ministranten weitergegeben.
Alle entzünden ihre Kerzen.

Die Osterkerze wird zum Kreuz in die Baustahlmatten gestellt.

K: Exultet

Einführung

S 1: Liebe Schwestern und Brüder im Glauben.
Die Feier der Osternacht ist der Höhepunkt, der wichtigste Gottesdienst der Kar- und Ostertage. In vier Teilen wird die Mitte unseres Glaubens entfaltet, wird uns gezeigt, wovon wir leben.
Nach einem langen dunklen Winter spüren wir, wie wichtig für uns Menschen das *Licht* ist. In einem ersten Teil haben wir in feierlicher Weise zum Ausdruck gebracht, dass der auferstandene und lebendige Christus Licht im Dunkel dieser Welt ist. In allem Dunklen können wir dieses Licht ansprechen.

An dieser Stelle wird in jedem Jahr das aktuelle Bild erklärt:

Mit Gittern und Stacheldraht haben wir am Karfreitag an die vielen Grenzen gedacht, die in unserer Welt aufgerichtet werden: Grenzen der Freiheit, Grenzen der Barmherzigkeit, Grenzen der Menschlichkeit, Grenzen des Vertrauens und der Zuversicht.

Für die neue Wirklichkeit der Auferstehung steht die Osterkerze. Die Grenzen sind geöffnet. Blumen und Grün sind Zeichen neuen Lebens. An vielen Orten der Welt öffnen Menschen ihre Herzen und ihre Türen. Das Leben und die Liebe sind stärker als der Tod (vgl. Bild S. 59).

Wir leben in Beziehungen von Ich und Du. Im *zweiten* Teil geht es um das *Hören* auf das große Du, das Hören auf das *Wort Gottes*. Die alten Geschichten werden erzählt, die die Menschen seit Jahrtausenden bewegen. Wir sind hineingenommen in diesen Strom des Lebens und der Schicksale. Wir hören, wie Gott zu allen Zeiten Menschen anspricht, wie er handelt und auf unsere Sehnsucht nach Leben antwortet.

Gott ruft jeden und jede von uns beim Namen und will, dass wir leben. Im *dritten* Teil erinnern wir uns an unsere *Taufe*. Das *Wasser* ist Zeichen für alles, was wir zum Leben brauchen. Das Untertauchen im Wasser ist ein Symbol des Sterbens und des Todes, aber auch des je neuen Lebens in Christus.

Wir sind miteinander verbunden in diesem Glauben. In der Eucharistie, im *vierten* Teil, sagen wir als Gemeinschaft der Glaubenden Dank. In den sichtbaren Zeichen von *Brot und Wein* haben wir im Mahl Gemeinschaft mit dem Auferstandenen.

2. Teil: Wortgottesdienst

Lied

»Dein Geist weht, wo er will« (KiGoLo 253)

S 1: In dieser heiligen Nacht hören wir, wie Gott in der Geschichte seines Volkes handelt. Die Auferstehung Jesu ist nicht ein Ereignis unter vielen, sondern der Höhepunkt einer langen Geschichte, die wir als Heilsgeschichte deuten.
Hören wir in vier Lesungen die großen Zusammenhänge dieser Geschichte. Schauen wir, wie Gott zum Heil der Menschen immer wieder tätig wird.

Lesung

Genesis 1,1.26–31a: Schöpfungsgeschichte

Lied

»Eingang und Ausgang« (U 99)
Oder: »Sende aus deinen Geist« (GL 312[2]) und Kantorale 220

S 1: Nach der Erschaffung des Menschen erzählt die Bibel die Urgeschichte. Mit der Berufung Abrahams und seiner Frau Sara beginnt die Geschichte Gottes mit dem Volk Israel.
Die zentrale Erzählung dieses Volkes ist die Befreiung aus der Knechtschaft Ägyptens. Mose bringt den Israeliten die Botschaft, dass Gott sie befreit.

Lesung

Exodus 14,15–15,1: Auszug aus Ägypten

Antwortpsalm und Refrain

»Dem Herrn will ich singen, machtvoll hat er sich kundgetan« (GL 312 [4]) und Kantorale 222

Ich singe dem Herrn ein Lied,
denn er ist hoch und erhaben.
Rosse und Wagen warf er ins Meer.

Meine Stärke und mein Lied ist der Herr,
er ist für mich zum Retter geworden.
Er ist mein Gott, ihn will ich preisen;
den Gott meiner Väter will ich rühmen.
Nach Ex 15,1–2

Lesung: Fragen zur Geschichte Gottes mit den Menschen

(siehe unten Alternative: Urgeschichte nacherzählt)

S 2: Dem Volk Israel ist also die Flucht gelungen. Wie ist es dann weitergegangen?

S 3: Mose führt das Volk durch die Wüste in das Land, das Gott schon dem Abraham versprochen hatte. Unterwegs machen sie viele Erfahrungen, die sie im Glauben an diesen Gott bestärken. Am Gottesberg schließt Jahwe einen Bund mit seinem Volk und gibt ihm die 10 Gebote als Wegweisung, wie Leben gelingen kann.

S 2: Das heißt, sie haben eigentlich gute Voraussetzungen für das Leben im Gelobten Land.

S 3: Ja, einerseits schon. Sie sind jetzt frei. Anderseits müssen sie sich, wie andere Völker auch, diese Freiheit bewahren. Die äußeren Feinde können immer wieder ferngehalten werden. Sich die notwendige Freiheit auch untereinander zu lassen,

ist viel schwieriger. So z. B. gibt es bald Reiche, die die Armen unterdrücken. Dabei hat Gott doch gesagt: Ich habe euch aus der Knechtschaft befreit, werdet nicht wieder Knechte.
Jetzt schickt Gott Propheten, die sein Volk daran erinnern sollen. Doch für die Reichen und Mächtigen sind sie Störenfriede, die beseitigt werden müssen.

S 2: Wie lange ist das so gegangen?
S 3: Die Israeliten leben ca. 200 Jahre im Land Kanaan, als sie von den Babyloniern erobert werden. Der Tempel wird dabei zerstört und alle arbeitsfähigen Menschen nach Babylon verschleppt. Fern von ihrer Heimat, in der Gefangenschaft des Exils, sagen sie sich, dass das wohl die Folge ihrer Abkehr von dem Bund mit ihrem Gott Jahwe sei.

S 2: Was hilft den Israeliten denn, diese Zeit zu überstehen?
S 3: Es gibt auch Menschen, die den Bund mit Gott immer bewahrt haben. Sie beginnen von Neuem die Geschichte Gottes mit seinem Volk aufzuschreiben. Sie berichten von Abraham und Sara, aber auch vom Auszug aus Ägypten.
Angesichts der großartigen Sonnentempel der Babylonier müssen sie auch Antwort geben auf die Frage, woher alles Leben kommt, wie denn alles begonnen hat. So entsteht der Schöpfungsbericht, wie wir ihn heute kennen. Nicht die Sonne ist Gott, sondern alles, was es gibt, hat der Gott Israels geschaffen. Es gibt nur diesen einen Gott, und er hat alles gut gemacht.

S 2: Woher kommen aber dann das Böse und das viele Leid in der Welt?
S 3: Die Israeliten geben in der Bibel dafür keine Erklärung. Sie erzählen von der Versuchung im Paradies, dem Brudermord von Kain und Abel. Sie erzählen, wie Gott angesichts der zunehmenden Bosheit der Menschen eine Sintflut schickt, aus der nur Noah und seine Familie gerettet wird. Und auch danach geht das Böse weiter.

S 2: Ist der Schöpfungsplan, ist das Projekt Mensch gescheitert?
S 3: Die Israeliten in der Bibel verschweigen nicht das Böse und das Leid, das geschieht. Sie erzählen aber auch, wie immer wieder Menschen, beginnend mit Abraham und Sara, sich auf die Beziehung mit Gott einlassen. Und sie erzählen, wie Gott nicht aufhört, um die Menschen zu werben, ihnen das Leben vor Augen stellt, das er schenken will.

Lied

»Du bist da wo Menschen leben« (JuGoLo 297)

S 1: Die Propheten stellen den Menschen, die sich von Gott abkehren, immer wieder Bilder vor Augen, wie dieser Gott denkt und handelt. Es sind Bilder, die von der Sehnsucht Gottes erzählen.

Lesung

Jesaja 55,1–11: Zusagen Gottes an das Volk Israel

P: Liebe Gemeinde,
Wir haben den Weg Gottes mit den Menschen betrachtet. Zu diesem Weg gehört, dass er uns seinen Sohn gesandt hat. Zum Lob Gottes, der seinen Sohn von den Toten auferweckt hat, damit auch wir das Leben haben, stimmen wir mit großer Freude das österliche Halleluja an:

Lied

»Halleluja« (GL 175,2)

Anschließend festliche Musik, dazu Licht an!

Evangelium

Markus 16,1–7: Der Herr ist auferstanden!

Lied

»Halleluja, lasst uns singen« (GL 796 Eigenteil Rottenburg/Stuttgart und Freiburg)
Oder: »Halleluja … Ihr Christen singet hocherfreut« (GL 322)

3. Teil: Tauferneuerung

S 1: Im dritten Teil erinnern wir uns jedes Jahr neu an unsere Taufe, erinnern uns, dass Gott jeden und jede von uns bei seinem und ihrem Namen ruft.
Warum feiern wir in dieser Nacht die Tauferneuerung? Hören wir, was der Apostel Paulus dazu schreibt.

Lesung

Römer 6,3–11: Auf Christus sind wir getauft

P: Wenn wir nun unserer eigenen Taufe gedenken und uns gegenseitig ermutigen, in der Freiheit der Kinder Gottes unseren Weg zu gehen, dann sind wir nicht alleine. Hören wir die Namen von Menschen aller Generationen, die Zeugen des Glaubens sind, und bitten mit ihnen Gott um seine Nähe, um sein Erbarmen.

Allerheiligen Litanei: Zeugen des Glaubens

Als Klangteppich dazu »Kyrie eleison«.
Während die Gemeinde leise den Kanon singt, werden die Namen langsam dazu gesprochen:

Lied

»Kyrie eleison« (U 160)

S 4: Abraham und Sara
Isaak und Rebekka
Jakob, Lea und Rachel
Mose und Miriam
David
Jesaia, Jeremia und alle Propheten

S 5: Johannes der Täufer
Maria, die Mutter Jesu
Josef
Maria Magdalena
Petrus und Paulus
Andreas
Jakobus und Johannes

S 4: Franz von Assisi
Hildegard von Bingen
Katharina von Siena
Teresa von Avila
Ignatius von Loyola

S 5: Edith Stein
Dietrich Bonhoeffer
Max Josef Metzger
Alfred Delp
Martin Luther King
Mutter Teresa
Johannes XXIII.

Taufwasserweihe »Lobpreis über das Wasser«

Die Osterkerze wird zum Taufbecken mitgenommen.

P: Liebe Schwestern und Brüder,
wir bitten den Herrn, dass er dieses Wasser segne,
mit dem wir uns bezeichnen werden.
Es erinnert uns an die gemeinsame Taufe.
Gleichzeitig bitten wir:
Gott erneuere in uns seine Gnade,
damit wir aus dem Geist Christi leben,
den wir empfangen haben.

S 6: Herr, unser Gott,
auf vielfältige Weise hast du das Wasser dazu erwählt,
dass es hinweise auf das Geheimnis der Taufe.
Schon im Anfang der Schöpfung schwebte dein Geist
über dem Wasser und schenkte ihm Kraft,
Leben hervorzubringen, zu retten und zu heiligen.
Als die Kinder Abrahams, aus Pharaos Knechtschaft befreit,
trockenen Fußes das Rote Meer durchschritten,
da waren sie ein Bild deiner Gläubigen,
die durch das Wasser der Taufe
aus der Knechtschaft des Bösen befreit sind.

P: Heiliger, ewiger Gott,
dein geliebter Sohn wurde von Johannes im Jordan getauft.
Nach seiner Auferstehung befahl er den Jüngern:
Geht hin und lehret alle Völker und tauft sie
im Namen des Vaters und des Sohnes
und des Heiligen Geistes.

Osterkerze dreimal eintauchen. Dazu dreimal sprechen:

P: Geist Gottes,
du ruhst auf diesem Wasser.
Gib ihm die Kraft und lass es uns werden
zum lebendigen Wasser, …

… zu Jesus Christus, unserem Herrn.
In ihm wollen wir sterben und auferstehen.
In ihm wollen wir eintauchen und aufleben.
Darum bitten wir durch Christus, unseren Herrn.

Alternative: Lobpreis über das Wasser

P: Gott,
Wasser ist etwas Köstliches.
Es macht frisch und jung, wenn wir verschwitzt sind.
Es macht sauber und rein, wenn wir schmutzig sind.
Es stillt unsere Sehnsucht, wenn wir Durst haben.
Wasser ist etwas Köstliches.

S 6: Im Wasser ist Leben.
Ohne Wasser verwelken die Blumen.
Ohne Wasser sterben die Keime.
Ohne Wasser verschmachten die Menschen und Tiere.
Im Wasser ist Leben.

P: Wasser ist wie du, Gott,
köstlich und lebendig.
Durch das Wasser rettest du den Menschen.
Durch das große Wasser hindurch hast du Noah
und seine Familie gerettet.
Durch das große Wasser hindurch hast du Moses
und sein Volk gerettet.

S 6: Dein Sohn Jesus Christus ist köstliches Wasser.
Es macht unser Herz jung und frisch,
rein und sauber.

In ihm leben wir auf.
In ihm entfalten sich alle Keime in uns.
Durch ihn sind wir gerettet.

P: Geist Gottes,
du ruhst auf diesem Wasser.
Gib ihm die Kraft und lass es uns werden
(Kreuzzeichen) zum lebendigen Wasser
(Osterkerze eintauchen)
durch Jesus Christus.
Steige herab in dieses Wasser die Kraft des Heiligen Geistes.
In ihm wollen wir sterben und auferstehen.
In ihm wollen wir eintauchen und aufleben.
Anton Rotzetter

Erneuerung des Taufversprechens

P: Brüder und Schwestern im Glauben,
in der Taufe hat Gott uns bei unserem Namen gerufen. Wir sind berufen, als neue Menschen das Leben zu entfalten, das Gott in uns hineingelegt hat.
Bevor wir gemeinsam das Glaubensbekenntnis sprechen, verbinden wir uns mit allen Getauften, besonders mit denen, die seit Ostern letzten Jahres getauft wurden.

S 7 liest die Namen der Getauften vor.

Glaubensbekenntnis

Wir vertrauen auf Gott.
Er hat uns geschaffen, er begleitet uns durch unser Leben.
Ihm sind wir wichtig, so wie wir sind.
In der Taufe sagt er zu uns:
Du bist nicht einfach eine Nummer für mich.
Du bist einzigartig und unverwechselbar.

Wir vertrauen auf Jesus Christus.
Durch ihn kommt Gott zu uns.
Er wendet sich den Menschen zu, er ist für sie da.
Er heilt und gibt den Menschen die Möglichkeit,

dass sie neu anfangen können.
In der Taufe sagt er zu uns:
Du wirst nicht gemessen am Erfolg,
den du in deinem Leben haben wirst.
Bei mir kannst du ein freier Mensch sein.

Wir vertrauen auf den Heiligen Geist.
der Gottes Kraft verkörpert und aus uns eine Gemeinschaft macht.
In diesem Geist können wir miteinander leben.
Mit denen, die wir mögen, und mit denen, die uns fremd sind.
In der Taufe sagt er zu uns:
Auf euch kommt es an,
dass Menschen ihre Hoffnung nicht verlieren.
Ihr geht nicht in eine ungewisse Zukunft,
weil Gott euch und eure Welt nicht aus seiner Hand gibt.
Amen.

Quelle unbekannt

Alle kommen nach vorne, um vom Taufwasser zu nehmen und sich zu bekreuzigen. Dazu Instrumentalmusik.

4. Teil: Eucharistie: Brot und Wein

Lied zur Gabenbereitung

»Das ist der Tag, den Gott gemacht« (GL 329)

Lied zum Sanktus

»Wir singen jubelnd, dass er lebt« (GL 803, Eigenteil Rottenburg/Stuttgart und Freiburg)
Oder: »Heilig bist du, großer Gott« (GL 198)

Gebet nach der Kommunion

P: Du Gott unseres Lebens,
wir haben das Geheimnis unseres Glaubens betrachtet und gefeiert.
Wir haben dir gedankt und sind deiner Einladung zum Mahl gefolgt.
Lass uns über diese Nacht hinaus

miteinander verbunden sein im Glauben an den Auferstandenen.
Stärke in uns das neue Leben, das wir durch ihn empfangen haben.
Darum bitten wir durch Christus, unseren Herrn.
Amen.

Lied

»Christus ist erstanden« (GL 798)
Oder: »Vom Tode heut erstanden ist« (GL 324)

Segen

Schluss: Instrumentalmusik

Alternative: Die Urgeschichte nacherzählt

Anstelle der Lesung

Am Anfang der Bibel steht der Bericht über Gottes gute Schöpfung.
Doch das Vertrauen zwischen Gott und den Menschen zerbricht und in der Folge auch das Vertrauen der Menschen zueinander. Die Urgeschichten erzählen gleich zu Beginn von Neid und Missgunst zwischen den Brüdern Kain und Abel. Der Brudermord ist die erste Gewalttat, der viele folgen. Die Bibel sagt etwas Erschreckendes: »… und es reute Gott, dass er die Welt geschaffen hatte.« Die Erzählung der Sintflut und die Rettung Noahs stehen für dieses Drama. Doch es zeigt sich immer wieder, dass die Welt nicht in Ordnung ist. Der Turmbau zu Babel ist eine weitere Erzählung der Urzeit, die das verdeutlicht.
Dann ist es, wie wenn Gott einen anderen Weg ginge. Er beruft konkrete Menschen. Am Anfang stehen Abraham und Sara. Voll Vertrauen lassen sie sich auf den Ruf Gottes ein, alles zu verlassen. Sie wandern aus ihrer Heimat aus, um in dem Land zu wohnen, das Gott ihnen zeigen will. Sie finden das Land, das Kanaan genannt wird. Sie leben als Fremdlinge in diesem Land, doch es geht ihnen gut. Die Beziehung zu ihrem Gott ist nicht immer leicht. Das Vertrauen wird auf eine harte Probe gestellt. Trotz der Verheißung einer großen Nachkommenschaft bekommen Abraham und Sara lange, lange keine Kinder. Als sie es schon fast aufgegeben haben, wird Sara schwanger. Gott schenkt ihnen in hohem Alter einen Sohn: Isaak.
Isaak und seine Frau Rebekka werden dann die Eltern von Esau und Jakob. Nicht der Ältere, Esau, sondern sein jüngerer Bruder Jakob wird von Gott gerufen, die Geschichte weiterzutragen.

Zusammen mit seinen Frauen Lea und Rachel hat er zwölf Kinder, die später die zwölf Stämme Israels begründen.
Eine Hungersnot, wie es sie damals immer wieder gab, bringt Jakob mit seiner Familie nach Ägypten. Die Geschichte von Josef und seinen Brüdern spielt in dieser Zeit. Die Familie siedelt sich in Ägypten an und wird zu einem großen Volk. Die Ägypter fühlen sich mehr und mehr bedroht und versuchen die Israeliten durch Unterdrückung kleinzuhalten.
Hier beginnt dann die Geschichte von Moses, den Gott beruft, um sein Volk aus der Knechtschaft zu befreien. Eine Geschichte, die zum Ausdruck bringt, dass Gott sich vor allem der Schwachen und Unterdrückten annimmt.

Predigt zum Ostersonntag

Ostern findet statt, egal wie wir gestimmt sind. Das klingt fast ein bisschen trotzig. Man könnte aber auch sagen, es ist tröstlich.
Denn was wir als Gemeinschaft der Glaubenden an Ostern feiern, ist größer als ich. Es hängt nicht von meiner Gestimmtheit ab. Ostern findet Jahr für Jahr statt, um uns mit dem Zentrum unseres Glaubens in Kontakt zu bringen.
Das Fest beginnt mit der Osternacht. Die erste Lesung der Osternacht ist der Schöpfungsbericht. Es geht um den Anfang, den guten Anfang.
Die Lesungen danach berichten, wie das Leben sich entfaltet, welche Erfahrungen die Menschen machen mit Gott.
Die letzte Lesung ist aus dem Römerbrief. Da geht es um die Zukunft.
Die Hoffnung der Menschen singt zwei Lieder:
Das eine Lied heißt: »Einmal wird es sein …«
Einmal wird es sein, dass die Lahmen tanzen, die Stummen singen
und die Grenzen sich öffnen.
Einmal wird es sein, dass die Tyrannen von ihren Thronen gestürzt sind
und dass die Toten leben.
Das andere Lied der Hoffnung heißt: Es war einmal.
Es singt davon, dass das Leben nicht eisigen Zufällen entsprungen ist.
Es hat einen guten Anfang. Gott wollte seine Vollkommenheit ganz leben.
Er wollte lieben und er wollte geliebt werden.
Die Liebe bewirkt bis heute, dass jemand aus sich herausgeht,
in Beziehung tritt und so das Leben lebendig wird.
Gott öffnet sich und schafft sich in der Welt ein Gegenüber.
Jeder Anfang hat die Zartheit und den Glanz des Unverdorbenen.
Noch ist das Neue nicht verletzt, gedemütigt und beschmutzt.

Noch ist es nicht korrumpiert.
Wir alle wissen, was dieser Schöpfung Gottes alles angetan wurde und bis heute angetan wird. Manche haben deshalb nur ein müdes Lächeln, wenn an den guten Anfang erinnert wird. Und doch weckt diese Erinnerung die Sehnsucht nach diesem guten Anfang.
So wird das Lied »Es war einmal« zur ersten Strophe des Liedes: Es wird einmal sein …
Dazwischen ist das Leben, unser Leben. Deshalb ist es gut, sich zu vergewissern und auf das Woher und Wohin zu schauen.
Dieses Woher und Wohin hat für uns Christen einen Namen: Jesus.
Er lebte ganz aus diesem guten Anfang. Er vertraute seinem Gott: Wer eine solche Herkunft hat, der hat auch eine Zukunft, vor der er sich nicht fürchten muss.
Das kann man leicht sagen, solange alles gut ist und gut geht.
Was aber, wenn die Not bedrängend wird, wenn Zäune und Grenzen unüberwindlich sind, wenn wir nicht wissen, wie mit all den fremden Menschen umgehen.
Was, wenn der Terror Angst macht oder eine Krankheit alle Pläne zunichte macht.
Aber gerade dann braucht es die Erinnerung an diesen guten Anfang.
Wenn mir diese Erinnerung an die ursprüngliche Lebensgüte gelingt, dann bin ich im Unglück nicht nur der, der ich jetzt bin. Ich bin auch der von gestern, als das Leben noch gut war. Und ich bin schon der von Morgen, wenn es sich zeigt, was einmal sein wird.
An Jesus ist dieses Neue schon sichtbar geworden.
Es ist mehr als ein Wortspiel, wenn in diesem »Ich bin Gestern, Heute und Morgen«, das wir auf die Osterkerze schreiben, der Gottesname anklingt: »Ich bin der Ich-bin-da«. Sich in seine Gegenwart stellen, das hat Jesus unabhängig gemacht.
Es hat ihm die Kraft gegeben, sich zu öffnen und für eine Zukunft einzusetzen, die für viele unvorstellbar oder doch mindestens realitätsfremd war.
So ist auch seine Auferstehung für viele unvorstellbar und realitätsfremd.
Dass Gott diese Zukunft schenkt, das feiern wir an Ostern, egal wie die Stimmung gerade ist. Wir feiern dieses Mehr, das wir nicht machen können und nicht machen brauchen, weil Gott es von Anfang an uns mitgegeben hat, es zu einem guten Ende zu führen.
Amen.

II.
Gestaltungsideen, Aktionen und Predigten

»Die Welt ist aus den Fugen geraten«

Material und Vorbereitung

- Auf zwei zusammengenähte Leintücher wird eine Weltkarte aufgemalt. Das Tuch wird an verschiedenen Stellen leicht eingerissen.
- Zettel und Bleistifte für die am Gottesdienst Teilnehmenden verteilen.
- Stecknadeln bereithalten.
- Ein bis zwei Lichterketten werden für die Osternacht von hinten durch den Stoff gesteckt.
- Blumen und grüne Zeige bereithalten.

Die Idee

»Die Welt ist aus Fugen geraten.« Dieser Satz beschreibt die politische Situation. Das, was den Menschen Halt und Orientierung gibt, ist im Begriff, sich aufzulösen. Dieses Gefühl wird durch Naturkatastrophen noch verstärkt. Auch im persönlichen Bereich entstehen immer wieder Risse, die das Lebensgefühl bedrohen und aus den Fugen geraten lassen.

Bild und Aktion

Das Bild für Karfreitag ist eine Weltkarte. An den entsprechenden Abschnitten der Einführung wird das Tuch jeweils an einer vorbereiteten Stelle eingerissen. Bei der Kreuzerhebung wird dann das Kreuz auf die so zerrissene Weltkarte gehängt als Zeichen dafür, dass Gott in all diesen Situationen gegenwärtig ist.
Die Zettel der Gottesdienstteilnehmenden mit ihren persönlichen Erfahrungen werden mit Stecknadeln an die Weltkarte geheftet.
Für die Osternacht werden die Lämpchen einer Lichterkette von hinten durch den Stoff gesteckt. Sie machen deutlich, dass die Risse zwar da sind, es aber auch an vielen Orten der Erde Menschen und Hoffnungszeichen gibt, die in der Dunkelheit leuchten. Die Osterkerze steht mit ihrem Licht bei der Weltkarte und vergegenwärtigt das Licht der Auferstehung.

Einführung und Predigt zu Karfreitag

Einführung

S 1: Die Welt ist aus den Fugen geraten!
Wir denken an die angespannte Situation in der Ukraine.
Wir denken an den Terror in Syrien, im Irak und in Nigeria und an vielen anderen Orten der Erde.

Die Weltkarte wird an einer Stelle eingerissen.

S 2: Wir denken an die sozialen Ungerechtigkeiten in vielen Ländern.
Und wer denkt noch an den Taifun und die Menschen auf den Philippinen?
Eine schlechte Nachricht jagt die andere. Da kommen wir nicht mehr hinterher.
Die Welt ist aus den Fugen geraten und zerrissen!

Die Weltkarte wird an einer Stelle eingerissen.

S 1: In unseren Städten häufen sich die gewaltsamen Überfälle.
Kinder werden in Familien hineingeboren, in denen sie verwahrlosen.
Auch in unserer Umgebung sind Armut und Leid allgegenwärtig.
Wegschauen funktioniert nicht mehr.
Unsere Welt ist aus den Fugen geraten und zerrissen.

Die Weltkarte wird an einer Stelle eingerissen.

S 2: Die Beziehung ist gescheitert. Ich bin alleine.
Die Arbeitslosigkeit meines Mannes schränkt unser Familienleben enorm ein.
Mein Vater ist dement. Er wird sich bald nicht mehr alleine versorgen können.
Meine Welt ist aus den Fugen geraten!

Die Weltkarte wird an einer Stelle eingerissen.

S 1: Meine Freundin hat sich von mir abgewendet. Der Streit zwischen uns ist eskaliert.
Der Partner ist verstorben. Das Leben steht still.
Mein Alltag ist angefüllt mit Problemen. Ich fühle mich überfordert.
Meine Welt ist aus den Fugen geraten und zerrissen!

Die Weltkarte wird an einer Stelle eingerissen.

Predigt

Was ist es mit dem Leiden Jesu und seinem Kreuz? Warum ist das Kreuz für uns Christen nicht zuerst ein Folterwerkzeug, sondern Zeichen unseres Glaubens?
Für viele Zeitgenossen ist das Zeichen »Kreuz« negativ besetzt. Auch Christen fragen: Gibt es nicht andere Zeichen und Symbole, die lebensbejahender sind, z. B. ein fruchtbringender Baum? Andere wiederum sagen, es braucht das Kreuz. Schließlich ist Jesus für unsere Sünden am Kreuz gestorben und hat uns so erlöst.
Diese Aussage ist vielen in Fleisch und Blut übergegangen. Damit verbunden ist oft die Vorstellung eines Gottes, der »beleidigt« ist, weil die Menschen sündigen und sich von ihm abwenden. Ein Opfer, hier das Opfer Jesu am Kreuz, soll ihn besänftigen. Das ist ein Erklärungsversuch, dem aber heute viele so nicht mehr folgen können.
Seit Menschen nachdenken, fragen sie nach dem Grund für das Leid in der Welt. Alle Religionen haben versucht, darauf Antwort zu geben. Es ist ein tief sitzender Reflex, dass Menschen, denen Leid zustößt, fragen:
Warum trifft mich dieses Leid?
Was habe ich falsch gemacht?
Wofür muss ich büßen?
Und selbst wenn sich etwas findet … Das Leid der Opfer von Katastrophen und Naturgewalten ist damit nicht erklärt. Auch der biblische Hiob leidet und versteht

nicht, warum. Seine Freunde versuchen alle möglichen Erklärungen; auch die, dass er eben doch gesündigt hat. Am Ende nimmt Gott ihn in Schutz. Er muss sich nicht kleinmachen. Das Buch Hiob anerkennt, dass unschuldig gelitten wird.

Was ist das für ein Gott, der sich da zeigt? So sehr hat Gott die Welt geliebt, heißt es im Johannesevangelium, dass er seinen Sohn hingab. Es heißt »hingab«. Wir denken meist »geopfert«. Da ist es wieder, das Bild vom beleidigten Gott. Aber passt das mit der Liebe zusammen?

Schauen wir auf das Leben Jesu. Dort sehen wir die den Menschen zugewandte Seite Gottes. Ein Menschsein, in dem die Ebenbildlichkeit Gottes sichtbar wird. Er heilt die Menschen nicht, weil sie es verdient haben oder besonders gut waren. Er heilt aus der Freiheit seiner Liebe, weil er sich anrühren lässt und ihnen ein gutes Leben gönnt. So wird er für viele zum Heiland.

Und dann gerät Jesus in die Mühle der Macht und der Intrige. Er erleidet Verrat, Gewalt und Willkür. Er bekommt keinen fairen Prozess, wird einfach mal gegeißelt, um die Gegenseite vielleicht zu beruhigen. Er durchlebt die Todesangst und kann sich nicht vorstellen, dass all das Gottes Wille ist. Er stirbt einen qualvollen Tod, wie schon so viele vor ihm und bis in unsere Zeit, in Syrien, im Irak und anderswo. Kann man angesichts dieses Todes am Kreuz von Rettung reden? Es gibt keine Rettung, die das Leid einfach wegnimmt. Es gibt erst recht keine Erklärung dafür. Es gibt nur dieses Hinschauen auf das, was da geschieht – das, was wir in dieser Feier tun.

Wir schauen auf Jesus, der als Ebenbild Gottes gelebt hat und es wohl auch in seinem Leiden und Sterben ist. Er ist in allem uns gleich geworden, sagt Paulus. Das ist etwas anderes als »beleidigt« sein. So sehr hat Gott geliebt, dass er der dunklen Seite des Menschseins nicht ausgewichen ist. Es ist ein sich »ganz hineingeben«, Hingabe eben.

So sehr hat Gott geliebt, das er seinen Sohn hineingegeben hat in die Welt, damit alle sehen und glauben können, dass nur die Liebe retten kann. Das feiern wir an Ostern. Für heute bleibt das Bild des Kreuzes, das sich im Bild einer zerrissenen Welt wiederfindet. Und gleichzeitig die immer wieder erstaunliche Erfahrung, dass mitten in dieser zerrissenen Welt eine Energie da ist, die Wege öffnet, Kräfte und Mitgefühl freisetzt; die Verwandlung bewirkt und damit Zeugnis gibt von der Hoffnung auf ein unvergängliches Leben.

Wenn es Gott gibt, dann muss er so sein!

Predigt und Fürbitten zu Ostersonntag

Predigt

Jahr für Jahr feiern wir Ostern. Immer wieder neu geht es darum, tiefer zu verstehen, was denn Auferstehung meint. Dieses Ringen um ein Verständnis ist schon in der Heiligen Schrift abgebildet.

Es war nach dem gewaltsamen Tod Jesu nicht absehbar, dass dies nicht das Aus für seine Anhänger bedeutet. Ja, aber ist Gott nicht so mächtig, ja allmächtig, dass er Jesus aus dem Tod befreien kann? So drängt es einen zu fragen. Ja, das bekennen wir: Dass da einer ist, der dieses Leben geschaffen hat, und so auch ein neues Leben nach dem Tod schenken kann. So klingt es immer wieder an: der allmächtige Gott! Aber was meinen wir mit allmächtig?

Dass da einer ist, der machen kann, was er will. Dass er auch die Naturgesetze außer Kraft setzen kann und Wunder tut. Dass er sein Ziel erreicht, auch mit Gewalt!

Da spätestens gerät die Vorstellung vom allmächtigen Gott in eine Sackgasse. Liebe erreicht ihr Ziel nicht mit Gewalt. Die Liebe, die Paulus im Ersten Brief an die Korinther beschreibt, gilt auch im Blick auf Gott: Die Liebe hat Zeit, sie liebt den langen Atem. Sie erzwingt nichts und nimmt den Geliebten so, wie er ist. Sie wird nicht bitter durch bittere Erfahrungen. Die Liebe trägt alles, hofft alles; unvergänglich ist die Liebe.

Oft lesen wir diesen Text als Anforderung an uns. Aber wenn man die Geschichte Gottes mit den Menschen betrachtet, dann wird erkennbar: Gott hat ein unbedingtes Ja zum Menschen gesprochen. Es ist die Utopie von dem Gott, der alles riskiert hat, ja selbst Mensch wurde, weil er die Sehnsucht nach einem freien Gegenüber hatte. In der Heiligen Schrift heißt es: Gott schuf den Menschen nach seinem Bild. Und Gott entlässt diesen Menschen in die Freiheit, um ihm in dieser Freiheit begegnen zu können. So aber wird auch die Ablehnung möglich. Aus einem Grund, der letztlich nicht mehr verstehbar zu machen ist, bestimmt sich der Mensch immer wieder dazu, kleinlich zu werden oder sich gar gegen andere Menschen zu wenden. Bis dahin, dass es zu nackter Brutalität kommt.

Wenn wir aber dabei bleiben, dass Gott Liebe ist, dann müssen wir auch damit rechnen, dass Gottes Allmacht an Grenzen kommt. Wenn er nicht mit Gewalt eingreifen will, bleibt ihm nichts anderes, als sich der Freiheit des Menschen auszuliefern. Gott kann dann nur noch warten, notfalls lange, so lange, bis auch der letzte Mensch sich ansprechen lässt von diesem Gott, der mit nichts anderem um sich wirbt als mit den Mitteln der Liebe. Der Glaube vertraut darauf, dass Gott das gelingen wird!

In der Auferstehung Jesu leuchtet etwas davon auf. Gott setzt ein Zeichen der Hoffnung, indem er Jesus, den getöteten Zeugen seiner Liebe, zu einem neuen Leben auferweckt. Und wir vertrauen darauf, dass er das, was er an Jesus vollzogen hat, auch an einem jeden anderen Menschen vollzieht. Seine Liebe sagt uns, dass er die Tränen abwischen und den Gedemütigten und Gemordeten Gerechtigkeit verschaffen wird. Er wird aber auch noch viele Menschen überzeugen müssen, die angesichts des schier unendlichen Leids nicht glauben können.

Gleichzeitig gibt es in unserer Welt tagtäglich Erfahrungen von Liebe, die Menschen berühren und sie etwas von dem Leben, das Gott schenkt, erahnen lassen. Sie leuchten wie das Osterlicht und die vielen Lichtpunkte im »Osterbild« in der Nacht. Paulus beendet seinen Hymnus auf die Liebe mit den Worten: »Jetzt erkenne ich unvollkommen, dann aber werde ich durch und durch erkennen, so wie ich auch durch und durch erkannt worden bin. Für jetzt bleiben Glaube, Hoffnung und Liebe, diese drei; doch am größten unter ihnen ist die Liebe« (1 Korinther 13,12b–3).

Fürbitten

S 1: Großer und barmherziger Gott,
du hast Jesus vom Tode auferweckt, du hast auch uns Zukunft und Hoffnung geschenkt. So kommen wir heute an diesem Ostertag zu dir mit unseren Bitten.
Wir feiern, dass deine Zusage des Lebens über den Tod hinaus gilt.
Lass Ostern werden für alle, die in Angst und Nöten sind und nicht mehr sehen können, wie es für sie weitergehen kann.
Du Gott des Lebens.

A: Wir bitten dich, erhöre uns.

S 1: Stärke in uns und allen Christen die Kraft, das Leben im Miteinander zu verwirklichen, ohne Gewalt und im Respekt voreinander und so in dieser Welt Zeugnis zu geben für den Glauben, dass du, Gott, unser Leben trägst.
Du Gott des Lebens.

A: Wir bitten dich, erhöre uns.

S 1: Wir beten auch für alle, die sich in unserer Welt einsetzen, damit Leben besser gelingen kann.
Lass sie auf das schauen, was Jesus vorgelebt hat, und gib ihnen Mut und neue Ideen, das im Heute zu verwirklichen.
Du Gott des Lebens.

A: Wir bitten dich, erhöre uns.

S 1: Wir verbinden uns an diesem Tag besonders mit den Menschen, die in ihrem Land wenig Hoffnung haben auf Frieden, sei es in Syrien oder in der Ukraine. Gib ihnen Kraft und Fantasie, dass sie Wege aufeinander zu finden und leben können, zum Wohle aller.
Du Gott des Lebens.
A: Wir bitten dich, erhöre uns.

S 1: An diesem Tag der Auferstehung wissen wir uns in Christus auch besonders verbunden mit unseren Verstorbenen.
Wir beten für sie, dass ihr unvollendetes Leben von dir vollendet werde.
Du Gott des Lebens.
A: Wir bitten dich, erhöre uns.

S 1: Herr, wir bekennen dich als den Lebendigen und Auferstandenen in unserer Mitte. Dich preisen wir heute und alle Tage bis in Ewigkeit.
Amen.

Predigt zu Ostermontag

Die Erfahrung der Emmaus-Jünger ist auch uns heute zugesprochen. Ich möchte drei Erfahrungen herausgreifen, die deutlich machen, was Jesus auch uns heute sagen will.
Jesus sagt: Ich gehe mit euch.
Immer wieder sagen Menschen, die man nach ihrer Glaubensvorstellung fragt: Ich glaube, dass Jesus mir nahe ist, dass er da ist. Dann aber schließt sich oft die Frage an: Aber wie kann ich ihn erkennen, etwas von ihm merken? Die Emmaus-Jünger erkennen ihn nicht.
Zunächst bleibt er unerkannt in seinem »Mit-gehen«. Es ist die Frage, wo und wie wir ihn suchen, wahrnehmen.
Die Jünger sind blind für seine verborgene Gegenwart, weil sie so anders ist: »Wir haben gehofft …«, und es ist anders gekommen. Wir haben es uns so schön ausgedacht … und nun die Enttäuschung. Jesus aber geht mit. Er hört ihnen zu. Stellt Fragen, so, dass sie später sagen: »Brannte uns nicht das Herz, als er mit uns auf dem Weg war.« Im Nachhinein haben sie wahrgenommen, er war mit uns.
Das Zweite, was wir von Jesus hören, ist die Zusicherung: Ich spreche zu euch.
Jesus geht nicht einfach stumm mit. Er fragt nach und vor allem, er weicht ihrem Schmerz nicht aus. Er hört ihre Enttäuschung, ihre Klage. Doch er lässt sie damit

nicht allein. Er eröffnet ihnen eine andere Sichtweise. Er zeigt die Wege Gottes: »Musste der Messias nicht all das erleiden«, ist der Versuch, in größeren Zusammenhängen zu denken. Es geht darum, die Bitterkeit des Kreuzes zu sehen. Der Sinn der Schrift verschweigt nicht das Leid, aber erschließt auch den Aspekt der Hingabe und Solidarität Gottes. Seine Liebe ist auch in der tiefsten Dunkelheit gegenwärtig. Jesu Aussage, ich gehe mit euch, gilt bis ins Äußerste. Wie weit das gehen kann, zeigt das Beispiel von Bischof Oscar Romero, der vor über 30 Jahren ermordet wurde, weil er sich zu sehr für die Armen in Nicaragua eingesetzt hat. Er wusste, dass er bei den Mächtigen auf der Todesliste stand. Deshalb hat er seinen Bodyguard und seinen Chauffeur entlassen, um sie nicht zu gefährden. Schutzlos lebte er sein Engagement für das Leben der Entrechteten in großer Gelassenheit. Ein Leiden, verbunden mit Hingabe und Solidarität. Es ist die Perspektive, die Jesus auch uns erklären will, wenn er sagt: »Musste der Messias nicht all das erleiden«, um dem neuen Leben Raum zu geben.
Das Dritte, was Jesus uns sagt, ist: Ich breche mit euch das Brot.
Will sagen: Ich mache mich zum Brot für euch. Ihr könnt von mir leben, sodass ihr neu aufbrechen und neu anfangen könnt.
Diese Zusage Jesu ist das Herz, die Mitte der Kirche, die Mitte der Gemeinde, die sich um den Altar versammelt. Hier erneuert Jesus das Gottesversprechen an Mose: »Ich bin der Ich-bin bei-euch, das ist mein Name für immer!«
Das ist keine Sache, die man einmal verstanden hat und die dann klar ist. Die Emmausgeschichte ist eine Weg-Geschichte. Immer neu geht es auf unserem Lebensweg um diese Gottes-Entdeckung. Immer wieder neu geht es darum, das, was wir gerade leben, mit diesem Jesus in Verbindung, in Beziehung zu bringen.
Die Zusage geht dem voraus:
Ich gehe mit euch.
Ich spreche euch an.
Ich breche mit euch das Brot.
Ausgehend von diesen Zusagen kann man sich auf den Weg machen, diesen auferstandenen Christus im eigenen Leben zu entdecken.

»Spalten und verbinden«

Material und Vorbereitung

- Baumstamm
- großer Keil und Hammer
- gespaltenes Holz
- Zettel und Bleistifte an die Gottesdienstteilnehmenden verteilen
- weißes Leinentuch
- weißes Tuch für den Hintergrund
- Blumen und grüne Zweige

Die Idee

Unsere Gesellschaft erscheint mehr und mehr von Konflikten zerrissen.
Die Stichworte Widersprüche, Streit, Verwundungen, Zwiespalt führten uns zum Thema »Gespalten sein«.

Bild und Aktion

Im Zentrum steht ein Baumstamm, in den ein großer Keil getrieben wird. Mit hörbaren Schlägen wird der Keil während der Einführung ein um das andere Mal in

den Holzklotz geschlagen. Gespaltenes Holz, das am Fuß des Baumstamms liegt, verstärkt das Bild.
Das Kreuz wird bei der Kreuzerhebung in das Bild integriert, ebenso wie die Zettel der Gemeinde, die in die verschiedenen Ritzen gesteckt werden.
Das »Osterbild« kann den Stamm nicht einfach heil machen. Das weiße Leinentuch steht einerseits für die Wunden, die verbunden werden, anderseits für die Leinenbinden im Grab des Auferstandenen. Blumen und Grün sind Zeichen neuen Lebens.

Einführung und Predigt Karfreitag

Einführung

S 1: Wir haben uns bei der Vorbereitung für das Thema »Spaltungen« entschieden. Es steht für Konflikte, Widersprüche, Verwundungen und Leid in unserem Leben. Wir fühlen uns oft in einem Zwiespalt, sind gespalten oder verletzt, spalten und verletzen aber auch andere.

S 2: In unserem Umfeld erleben wir einerseits immer häufiger, dass Menschen eine Überlastung erfahren. Der private und berufliche Druck scheint immer stärker zu werden. Rückenschmerzen, Tinnitus und Burn-out sind einige der uns bekannten Symptome.
Auf der anderen Seite spüren viele Menschen eine Leere und Sinnlosigkeit. Sie werden nicht gebraucht, finden keine Arbeit, wissen nichts mit sich anzufangen.

Der Keil wird in den Holzklotz geschlagen.

S 1: Es gibt sehr viele Flüchtlinge in unterschiedlichen Regionen der Welt. Viele Menschen haben ihre Heimat verlassen müssen. Sie wurden getrennt von dem, was für sie »zu Hause« war, und fühlen sich heimatlos.
Wir leben in einer relativ gesicherten Situation. In unserer Umgebung sind Flüchtlingsunterkünfte entstanden. Viele tun sich schwer, sich dieser Herausforderung zu stellen.

Der Keil wird weiter in den Holzklotz getrieben.

S 2: In dieser Welt scheint alles möglich zu sein. Es scheint gerade im technischen Bereich keine Grenzen mehr zu geben, alles ist machbar.

Auf der anderen Seite sind wir vielem ausgeliefert und erleben unsere Ohnmacht, Einfluss zu nehmen.

Der Keil wird weiter in den Holzklotz getrieben.

S 1: Das Internet verschafft uns zahlreiche sogenannte »Freunde« auf Facebook und in anderen sozialen Netzwerken.
Andererseits beobachten wir Menschen, die sich im Café mit dem Handy beschäftigen, aber nicht miteinander sprechen. Vieles, was verbinden könnte, führt auch zu Entfremdung und Beziehungsunfähigkeit.

Der Keil wird weiter in den Holzklotz getrieben.

S 2: Die meisten Menschen in Deutschland haben genug zu essen, leben in relativem Wohlstand.
Aber auch bei uns gibt es immer mehr Menschen, die mit Sozialhilfe, Hartz IV oder einer kleinen Rente um lebensnotwendige Dinge zu kämpfen haben. Die Kluft zwischen Arm und Reich wird immer größer.

Der Keil wird weiter in den Holzklotz getrieben.

S 1: Immer wieder erleben wir in unserer Umgebung und Familie Schwangerschaften und das beglückende Wunder der Geburt.
Gleichzeitig fällt es uns schwer, Krankheit und Tod auch zu akzeptieren, wenn Menschen, auch Kinder und Jugendliche, die wir kennen, ganz überraschend sterben.

Der Keil wird ein letztes Mal in den Holzklotz getrieben.

Predigt

Vor über 900 Jahren wurde in Burgund die Maria Magdalena-Kirche in Vezelay gebaut. Die Kapitelle sind mit ganz unterschiedlichen Szenen versehen. Da sind biblische Szenen, eine Hirschjagd, Heiligengeschichten und eine Mühle, in der Getreide gemahlen wird. Die üblichen Erklärungen für einen Zusammenhang geben keinen Sinn. Sind da also nur lauter Einzelarbeiten eingebaut worden? Bei genauerem Hinsehen haben alle Bilder aber etwas mit Kampf und Gewalt, mit Leid und Schmerzen zu tun. Es ist, wie wenn die Erbauer den Menschen damals bis heute vor Augen stel-

len wollte, wie sehr das Leben mit diesen Themen verbunden ist und uns Menschen immer wieder in Atem hält.
Wir haben es im Bild des Spaltens ausgedrückt. Ein großer Keil spaltet den Baumstamm. Dieses Bild ist sehr konkret. Jede und jeder hat eigene Bilder und Erfahrungen von Zerbrechen, Trennen, Zerteilen und Zerreißen im übertragenen Sinn. Wir haben das Kreuz Jesu in den offenen Spalt hineingestellt, will sagen: Jesus ist mittendrin.
Was nützt uns das?
Ich will Ihnen eine Geschichte erzählen. Mit einer Gruppe Studenten war ich in Israel. Am Meer haben wir gebadet. Einer ist ein bisschen weiter hinausgeschwommen. Plötzlich rudert er wie wild mit den Armen. Einer der arabischen Begleiter sieht es und springt ins Meer. Dann sieht man den draußen nicht mehr. Uns stockt der Atem. Der Schwimmer nähert sich der Stelle und ist dann auch verschwunden. Was war geschehen? Im Meeresboden gab es tiefe Löcher, die einen Strudel erzeugen, der den ersten Schwimmer chancenlos nach unten zog. Auch den zweiten Schwimmer zog es in die Tiefe. Das aber bewirkte, dass das Loch gefüllt wurde und der Sog außer Kraft gesetzt wurde. So wurden beide gerettet.
Da springt einer in die Bresche. Er riskiert viel. Es entsteht dadurch aber eine neue Situation, eine neue Dynamik. Das ist es, wovon wir uns heute am Karfreitag berühren lassen wollen. Die Frage nach dem Leiden und warum es Leid gibt, ist dadurch nicht beantwortet. Wir feiern nicht die Antwort.
Wir kommen zusammen, um unser Vertrauen und unseren Glauben zu stärken. Das Kreuz zeigt uns, dass Gott nicht weit weg ist, sondern mittendrin. Mehr noch: In diesem Zeichen vertrauen wir darauf, dass die Welt nicht aus zig einzelnen Schicksalen besteht, jeder für sich, vereinzelt und dem Tod verfallen. Das Kreuz verbindet nicht nur die gespaltene Welt. Es verbindet uns untereinander in der Hoffnung, dass Leid und Tod nicht das letzte Wort haben.
So, wie der zweite Schwimmer den Strudel mit seinem Einsatz außer Kraft setzte, so weist uns Jesus in seiner Hingabe den Weg zum Leben.
Das bildet auch die Kirche in Vezelay ab. Man geht vorbei an den Bildern der Kapitelle von Kampf und Schmerz und geht weiter und weiter nach vorne, wo der Altar in einem lichtdurchfluteten Raum steht. Da geschieht Wandlung.
Heute bleiben wir bei dem, was unser Leben so oft schwer macht, und schauen auf den, der es mit uns teilt. Wir feiern unsere Hoffnung, dass das Kreuz nicht nur für Leid und Tod steht, sondern schon den Weg der Erlösung sichtbar macht.

Predigt zu Ostersonntag

Ostern feiern heißt über den Karfreitag hinausgehen. Ostern feiern heißt, sich auf etwas einzulassen, was sich, anders als das Leiden und Sterben Jesu, der sinnlichen Wahrnehmung entzieht. Das Bild des Karfreitags ist uns vor Augen: Der gespaltene Holzklotz, die gespaltene Welt mit ihren Spannungen und Konflikten, ihrem Reichtum und der Armut, und das Kreuz mittendrin.

Das Osterbild ist nicht viel anders. Ein weißes Tuch ist dazugekommen. Es mag an das Tuch erinnern, das die Apostel im leeren Grab gefunden haben. Auch das Osterevangelium ist relativ spröde. Maria Magdalena meldet, dass das Grab leer ist. Petrus schaut sich die Sache an. Das war's vorerst. Der andere Jünger schaut auch. Von ihm heißt es, er sah wahrscheinlich dasselbe wie Petrus, und glaubte. Dann gingen sie wieder heim. Da ist nichts Greifbares, erst recht nichts Spektakuläres.

Bedenkt man, dass dieser Text vom Evangelisten Johannes um das Jahr 100 geschrieben wurde. Bedenkt man weiter, dass die Christen um diese Zeit schon bedrängt und verfolgt wurden, auch zerstritten und manche entmutigt waren. Bedenkt man dazu, dass das Evangelium geschrieben wurde, um die Botschaft Jesu zu sichern und weiterzugeben, so lässt der Text des Evangeliums ahnen: Der Osterglaube ist keine exaltierte Gemütshaltung, sondern ein Reifungsprozess, der vom Hinschauen zum Sehen und Glauben führt, nicht ohne die Erfahrung der Glaubensvorfahren aus der Schrift, die wir das Alte Testament nennen.

Die ersten Christen stehen ja nicht am Punkt Null. Der Gott, den Jesus seinen Vater genannt hat, ist der Gott Abrahams, der sein Volk aus der Knechtschaft Ägyptens geführt hat. Die ersten Christen sind genauso wie wir heute herausgefordert, das, was sie sehen, anzuschauen und zu durchschauen.

Einen Teil des Hin-schauens haben wir am Karfreitag vollzogen. Die Zerrissenheit und das Gespalten-Sein der Welt ist eine Realität, der wir nicht ausweichen können. Die Botschaft der Bibel zielt aber auf »Ganz-Sein« und »Heil-Sein«. Unser Herz sehnt sich danach und dieses Evangelium berichtet davon. Das weiße Tuch, das zuvor als Leichentuch für Jesus diente, wird zum Band, das verbindet. Leben ist Verbunden-Sein. Die Vereinzelung führt nicht zu mehr Leben. Das gilt es zu durchschauen.

Diese Verbundenheit fordert uns heraus, jeweils auf das Ganze zu schauen, nicht nur auf uns selbst. In einer Osterausgabe der ZEIT wurden Menschen vorgestellt, die ihr Leben eingesetzt haben für andere. »Wir alle leben von Opfern, die andere für uns bringen«, schreibt die ZEIT. Familien leben davon, Freundschaften, Unternehmen leben davon, ja die ganze Gesellschaft. Das Wissen um die Verbundenheit eröffnet eine andere Perspektive. Als Christen vertrauen wir darauf, dass wir nicht verloren gehen, wenn wir etwas von uns hingeben.

Es ist der Weg der Wandlung – vom Tod zur Auferstehung –, den uns Jesus vorangeht. Indem wir mit Jesus verbunden sind, sind auch wir hineingenommen in diesen Weg der Wandlung, der wesentlich von der Hingabe und der Liebe lebt.

Und noch eins gilt es zu »durchschauen«. Ostern gilt nicht nur mir, uns hier. Es geht darum, ganz unbescheiden den Kreis der Hoffnung sehr viel weiterzuziehen. Das Leben Gottes ist unerschöpflich, wovon uns der Kosmos in atemberaubender Weise erzählt.

Jahr für Jahr feiern wir Ostern.

Jahr für Jahr sind wir eingeladen, uns diesem Reifungsprozess neu zu stellen, diese Welt mit den Augen Jesu zu durchschauen und daraus zu leben. Das ist Ostern.

»Eingemauert und aufgebrochen«

Material und Vorbereitung

- weißes Kreuz in einem Ständer aufstellen
- Backsteine bereithalten
- DIN-A4-Plakate mit Begriffen beschriften
- Zettel und Bleistifte an die Gottesdienstteilnehmer verteilen
- buntes Kreuz oder buntes Tuch für die Osternacht bereithalten
- Blumen und grüne Zweige bereithalten

Die Idee

Was brauchen wir wirklich für ein gutes Leben – im privaten wie im gesellschaftlichen und politischen Bereich? Wir leben von guten Beziehungen, Anerkennung, von Versöhnung und Frieden. Was steht dem entgegen? Misstrauen, Eigennutz, Blindheit, Resignation, Perspektivlosigkeit stehen oft wie eine Mauer vor uns.

Bild und Aktion

Ein flächiges Holzkreuz wird mit dunklen Karten behängt mit Aufschriften wie Isolation, Eigennutz, Misstrauen, Blindheit … Das Annageln der Karten im Gottesdienst soll hörbar sein. Zusätzlich kann vor dem Kreuz eine Mauer aus Backsteinen aufgeschichtet werden.

Die Zettel der Gottesdienstbesucher können in der Mauer abgelegt werden.
Für die Osternacht haben wir ein baugleiches Kreuz davorgestellt. Dieses ist gestaltet mit bunten Karten einer Jugendaktion zum Thema »Frieden«.
Das bunte Kreuz steht vor dem dunklen Kreuz. Die Mauer ist aufgebrochen. Blumen und Grün zeigen das neue Leben.

Einführung und Predigt zu Karfreitag

Einführung

S 1: Wir sind zusammengekommen, um uns an Jesu Leiden und Sterben zu erinnern. Gleichzeitig wenden wir unseren Blick auf unser eigenes Leiden und auf die Sorgen und Nöte der Welt.

S 2: Bei Missverständnissen und Streit im Alltag hören wir oft nur auf uns selbst. Wir verschließen den Blick für die Bedürfnisse anderer und isolieren uns von ihnen. Wir bauen eine Mauer um uns selbst.

Vor dem Kreuz wird ein Backstein aufgebaut, die schwarze Karte »Isolation« wird ans Kreuz genagelt.

S 2: In Europa werden die Spannungen zwischen den Staaten durch die Flüchtlingsproblematik größer. Statt gemeinsam nach der besten Lösung zu suchen, denkt jeder nur an sein Land und den eigenen Vorteil.

Ein weiterer Backstein wird aufgebaut, die schwarze Karte »Eigennutz« ans Kreuz genagelt.

S 1: Durch die finanzielle Unsicherheit in vielen europäischen Ländern wächst die Arbeitslosigkeit bei jungen Menschen. Trotz guter Ausbildung finden sie in ihrer Heimat keine berufliche Perspektive.

Die Mauer aus Backsteinen wird weitergebaut, die schwarze Karte »Perspektivlosigkeit« ans Kreuz genagelt.

S 2: In unserem Land herrscht oft Misstrauen gegenüber Fremden. Menschen aus anderen Ländern und anderen Kulturen werden oft nicht verstanden und wir verschließen uns davor, sie richtig kennenzulernen und zu akzeptieren.

Die Mauer aus Backsteinen wird weitergebaut, die schwarze Karte »Misstrauen« ans Kreuz genagelt.

S 1: Während in vielen Ländern die Menschen an Hunger sterben, wird bei uns mit Lebensmittelpreisen spekuliert, bei der Herstellung betrogen und am Ende müssen wir doch wegen Hygienevorschriften vieles wegschmeißen. Da macht sich oft Resignation breit.

Die Mauer aus Backsteinen wird weitergebaut, die schwarze Karte »Resignation« ans Kreuz genagelt.

S 2: In unserer Gesellschaft ist alles auf Wachstum hin ausgerichtet. Dass die Wirtschaft oft nur auf Kosten der Umwelt wachsen kann, gerät dabei aus dem Blick. Zugunsten von neuen Technologien und günstigeren Preisen sind wir blind für die möglichen Folgen für die Natur und die kommende Generation.

Die Mauer aus Backsteinen wird weitergebaut, die schwarze Karte »Blindheit« ans Kreuz genagelt.

S 1: Der Papst hat die Hoffnung auf Veränderung in unserer Kirche geweckt. Gleichzeitig ist die Angst groß, dass die Skandale der letzten Jahre noch nicht zu Ende sind und wirklichen Diskussionen über die notwendigen Reformen im Wege stehen.

Die Mauer aus Backsteinen wird weitergebaut, die schwarze Karte »Stillstand« ans Kreuz genagelt.

Predigt

Am Karfreitag gehen wir als Christen auf die Seite des Lebens, auf die eigentlich niemand freiwillig hinwill. Im Kopf wissen wir alle, dass es in dieser Welt viel Leid, Schuld und Not gibt. Wir haben Beispiele gehört und ans Kreuz genagelt. Jede und jeder war eingeladen, das dazuzulegen, was uns heute bewegt.
Die Welt ist nicht heil!
Das erschreckt!
Eigentlich hat man doch eine andere Vorstellung. Man hofft auf ein schönes Leben. Zumindest in der Außendarstellung klingt das dann so: »Es geht gut.« »Ich kann das.« »Es war ein super schöner Tag.« Wieviel Kraft und Zeit wird investiert, dass möglichst alles reibungslos und konfliktfrei läuft, dass alle sich wohlfühlen.
Ja, es gibt viel Gutes und Schönes in der Welt. Es gibt diese Orte, wo man sich wohlfühlt. Es gibt diese Erfahrungen, wo Herz und Sinne sich öffnen und man sich wünscht, dass es so bleiben möge.
Doch wir alle kennen das:
Es ist, wie wenn es einen Schlag tut. Etwas zerbricht. Etwas trifft …
Die Welt ist nicht heil!
Das erschreckt!
Das Leben fordert uns heraus. Wie reagiere ich? Es gibt verschiedene Möglichkeiten:
Man kann es kleinreden.
Man kann jammern.
Wenn es andere trifft, kann man wegschauen.
Manche denken, dass man mit Geld alles kann.
Manche versuchen, sich mit Gewalt ihren Teil am Leben zu sichern.
Meist aber spüren wir Angst, die Angst unterzugehen. Die Angst aber verschließt den Menschen, macht klein und noch hilfloser.
Unser Glaube an Jesus Christus lädt uns ein, auf ihn zu schauen. Es gehört zu seinem Leben, dass er viele aus dieser Isolation der Angst befreit. Leid und Schuld wird

überwunden. Herzen und Sinne öffnen sich, Leben kommt wieder ins Fließen. Menschen erleben Jesus als heilsam.

Aber es gehört auch zu Jesus Christus, dass er das Leid auf sich nimmt. Er zerbricht an der Gewalt, wird zerrieben zwischen politischen Interessen.

Die Welt ist nicht heil!

Auch nicht für Jesus.

Wenn wir in der Heiligen Schrift das Leben Jesu betrachten, vor allem sein Leiden und Sterben, dann können wir erkennen, dass da eine andere Energie da ist, um mit der Schuld und dem Leid umzugehen. Jesus läuft vor der Not und dem Leid nicht davon. Er stellt sich der Wirklichkeit. Er zieht sich nicht zurück in die Gruppe von Jüngern, in der man sich gut versteht. Die hat er, aber er bricht immer wieder auf und sucht die Nähe der Notleidenden. Dabei ist er kein Sozialromantiker. Er sieht, wie sehr Leid und Tod Menschen gefangen nehmen. Er glaubt aber daran, dass es eine Kraft gibt, die stärker ist als der Tod: Es ist sein Glaube an einen Gott, der das Leben will. Der stärkste Ausdruck für dieses Leben ist die Liebe. Neben Leid und Tod gibt es in dieser Welt diese Energie der Liebe. Gott hat diese Kraft zur Liebe allen Menschen ins Herz gelegt. Es ist diese Kraft, die Angst überwinden kann. Es ist die Botschaft Jesu, dieser Lebenskraft zu trauen, weil sie stärker ist als der Tod.

Jesus hat es vorgelebt und sich auch im Blick auf sein Leiden und Sterben dieser Zusage anvertraut. In seiner Angst öffnet er sich diesem Vertrauen, dass er nicht verloren geht: Vater, dein Wille geschehe.

Viele Menschen sind seither seinem Beispiel gefolgt:

Die einen, indem sie sich der Wirklichkeit öffnen, die nicht heil ist, und einen Teil ihrer Kraft und Zeit hingeben für andere.

Die anderen, die selber betroffen sind und die Angst spüren, verloren zu gehen, und sich doch dem Leben anvertrauen, auch wenn es anders aussieht, als man es gedacht hat.

Das alles geht nicht so einfach, mal eben … Es ist ein Lebensprozess, ein immer wieder neuer Schritt, im Vertrauen auf Gott sich dem Leben zu öffnen. Deshalb feiern wir Jahr für Jahr den Karfreitag und schauen und lassen uns von Jesu Leben und Sterben berühren.

»Eine neue Energie verändert alles«

Material und Vorbereitung

- ein Netz aus dem Baumarkt, mit dem man Bäume und ihre Früchte abdeckt, ausspannen
- Zettel und Bleistifte verteilen
- eine farbige Leuchtröhre für die Osternacht installieren
- Blumen und grüne Zweige besorgen

Die Idee

Hält das Netz des sozialen Zusammenhalts? Der weltweiten Beziehungen und politischen Strukturen? Eigeninteressen und Zerrissenheit nehmen zu – in der Menschheitsfamilie, in der Kirche, im eigenen Umfeld, in uns selbst. Woher kommt die Energie, ein Netz zu knüpfen und Beziehungen zu leben?

Bild und Aktion

Am Karfreitag wird ein großes Netz aufgespannt. Im Kontext der Einführung wird das Netz immer wieder eingerissen. Die persönlichen Zettel mit Anliegen der am Gottesdienst Teilnehmenden werden ins Netz geflochten.
Diese Risse kann man für Ostern nicht einfach »stopfen«. Das Netz wird nicht geflickt, es braucht eine neue Qualität. Eine Lichtinstallation hinter dem Netz verbindet auf einer neuen Ebene, ohne die Risse und Löcher zu vertuschen. Eine neue Energie verändert unsere Realität von innen her. Auferstehung ist ein Wechsel der Perspektive.

Einführung und Predigt zu Karfreitag

Einführung

S 1: Wir sind gekommen, um innezuhalten. Wir besinnen uns auf all das, worunter wir leiden: Was uns trennt, wo Menschen, die straucheln, nicht aufgefangen werden. Wir besinnen uns auch auf unsere eigene Zerrissenheit.

S 2: Die Zahl der Armen weltweit bleibt weiterhin bedrückend hoch. Auch heute noch bedrohen nicht nur in Afrika Hungersnöte ganze Länder. Trotz aller – mehr oder weniger engagierten – Versuche der Politik, aber auch anderer Initiativen, gibt es viel zu oft kein Netz, das die Menschen auffängt.

Ein Loch wird ins Netz gerissen.

S 1: In der arabischen Welt haben die Menschen versucht, sich von ihren Unterdrückern zu befreien. Es zeigt sich allerdings, dass das Bilden neuer Strukturen schwieriger ist als gedacht.

Ein Loch wird ins Netz gerissen.

S 2: Die Finanzwelt hält Europa in Atem. Rund um den Globus wird mit kaum vorstellbaren Summen gehandelt. Die Rüstungs- und Verteidigungsausgaben sollen steigen. In Pflege und Bildung wird dagegen wenig investiert.

Ein Loch wird ins Netz gerissen.

S 1: Hierzulande wächst der Wohlstand, wir sehen reich gedeckte Tische, aber auch die Mülleimer mit tonnenweise weggeworfener Nahrung. Gleichzeitig gibt es immer mehr Menschen, die mit einer kleinen Rente oder Hartz IV gerade so über die Runden kommen und oft nicht mehr am gesellschaftlichen Leben teilnehmen können. Die Kluft zwischen Arm und Reich wird immer größer.

Ein Loch wird ins Netz gerissen.

S 2: Selbst in unserer Kirche lösen sich aufgrund der großen Anspannungen und Verwirrungen fest geglaubte Verknüpfungen und es besteht die Gefahr, dass das Netz – ganz im Gegensatz zum eigenen Anspruch – immer löchriger wird. Auch hier in unserer Gemeinde wird es angesichts der schwindenden personellen Ressourcen immer schwieriger, Vernetzungsarbeit zu leisten.

Ein Loch wird ins Netz gerissen.

S 1: Viele von uns spüren eine innere Zerrissenheit und drohen aufgerieben zu werden zwischen eigenen und fremden Ansprüchen und der Realität. So sind wir zum Beispiel im Berufsleben immer höheren Erwartungen und Ansprüchen an uns ausgesetzt. Aus der Angst heraus, den Anschluss zu verpassen, verlieren wir uns immer mehr in Unruhe und Hast, verlieren unsere Mitte. Wir werden mit uns selbst und den Rätseln unseres Lebens nicht mehr fertig. Zwiespalt und Streit sind die Folge. Beziehungen aufzubauen und zu pflegen wird immer schwieriger.

Ein Loch wird ins Netz gerissen.

S 2: Als endliche Menschen wissen wir um unsere Grenzen. Und allzu oft werden wir daran erinnert, dass unsere Zeit dahin eilt, als flögen wir davon. Wir glauben, wir könnten sie festhalten und darüber verfügen. Ein fataler Irrtum, denn die Zeit verfügt über uns, wir spüren, wie die Zeit zwischen den Fingern zerrinnt, und wir leiden darunter, dass uns so vieles entgleitet.

Ein Loch wird ins Netz gerissen.

Predigt

Man redet heute gern von Globalisierung. Alles ist weltweit verbunden und vernetzt. Doch dieses Netz ist an vielen Stellen zerrissen. Wir haben es eingangs gehört und unsere eigenen Erfahrungen dazugelegt. Die Welt ist nicht heil. Sie ist voller Spannungen. Manchmal gelingt es, das Verbindende zu sehen, Frieden zu stiften. Oft aber zerreißt das Netz. Schmerzen und Leiden sind die Folge.

Ich kann wegschauen, Probleme beiseite schieben, so tun, als ginge es mich nichts an, und meine kleine Welt verteidigen.

Manche gehen einen Schritt weiter. Sie schaffen sich mit Ellenbogen und Gewalt ihre Welt, wo es so gehen muss, wie sie es denken. Der Rest der Welt ist egal.

Andere engagieren sich, knüpfen am Netz, tragen dazu bei, dass Menschen aufatmen können und heil werden.

Mitten in dieser Welt feiern wir den Karfreitag.

Wir schauen auf Jesu Leiden und Sterben. Ohnmächtig sahen die Menschen damals, die voll Hoffnung den Weg Jesu mitgegangen sind, wie das Bild einer lebenswerten Zukunft reißt.

Was sehen wir, wenn wir auf Jesu Leiden und Sterben schauen?

Das Netz ist nicht erst heute zerrissen. Das Thema ist schon zur Zeit Jesu aktuell.

Da war einer, der Hoffnung geweckt hat, dass Leben anders sein könnte, und er ist gescheitert, unter die Räder gekommen.

Der Umgang mit Macht ist bis heute ein Feld, das immer wieder Opfer und Täter schafft. Eine schier unendliche Spur von Gewalt und Leid zieht sich durch die Geschichte.

Wer sich nur annähernd mit dem Thema Leid beschäftigt, wird erdrückt und überwältigt … Also doch lieber wegschauen?

Nein! Wir sind hier um hinzuschauen. Was aber gibt uns die Kraft dazu? Sonntag für Sonntag sprechen wir in der Mitte des Gottesdienstes: »Deinen Tod, o Herr, verkünden wir und deine Auferstehung preisen wir …« Wir sagen nicht: Deinen Tod beklagen wir und betrauern wir. Wir überspringen auch nicht seinen Tod, weil ja danach gleich von der Auferstehung die Rede ist.

Wir verkünden den Tod Jesu. Wir stellen uns diesem äußersten Unglück, weil wir von Ostern her glauben, dass Jesu Tod mehr ist als ein Unglück und Leid.

Jesu Tod war Hingabe. Hingabe ist etwas anderes als eine Verzweiflungstat. Hingabe hat ihren Beweggrund in der Liebe. Hingabe setzt deshalb auf Zukunft, auf eine Zukunft, die möglicherweise auch jenseits der Grenze des eigenen Lebens liegt. Man braucht nicht weit zu gehen. Denken sie nur an die Hingabe von Eltern für ihre Kinder oder die Hingabe von Engagierten für Frieden und Gerechtigkeit, die

Hingabe von Rettungskräften oder von Lehrern, die sich auch auf schwierige Kinder und Jugendliche einlassen. Welche Mühen, ja oft Strapazen nehmen Menschen auf sich aus Liebe und im Blick auf eine Zukunft außerhalb ihres kleinen Lebens!
… Und doch befällt uns immer wieder die Angst, das Leben hinzugeben, es zu verlieren.
»Deinen Tod, o Herr, verkünden wir …« Da wird uns einer vor Augen gestellt, der uns nicht einfach alles erklärt. Im Gegenteil! Jesus sucht seinen Weg, wagt immer wieder neu den nächsten Schritt im Vertrauen auf seinen Gott. Er ist wie ein Pionier, der sich in ein neues Land vorwagt. Er riskiert sein Leben, weil er im Vertrauen auf Gott einen unerforschten Weg geht. Er hält die Zerrissenheit des Lebens aus bis in den eigenen Tod.
Auch Gott erklärt nicht im Nachhinein den Sinn des Leidens. Er bestätigt in der Auferweckung Jesu den Weg der Hingabe als den Weg des Lebens. Jesus ist Pionier, Wegbereiter für alle, die ihm nachfolgen. Wenn wir also den Tod Jesu verkünden, dann geht es darum, diesen Zusammenhang herzustellen. Darin liegt Trost und noch mehr Ermutigung, ein Leben zu wagen, das über den Tod hinaus Bedeutung hat.

»Finsternis und Licht«

Material und Vorbereitung

- möglichst viele Kerzenstummel
- sieben größere Kerzen für Karfreitag
- großes schwarzes Tuch
- großes gelbes Tuch
- Zettel und Bleistifte verteilen
- Osterkerzen aus früheren Jahren oder andere große Kerzen für die Osternacht
- Blumen und grüne Zweige besorgen

Die Idee

Immer wieder neue Katastrophen erschüttern die Welt. Die Zukunft scheint düster. Was gibt Hoffnung in der Hoffnungslosigkeit? Was bringt Licht in das Dunkel?

Bild und Aktion

Am Karfreitag werden möglichst viele Kerzenstummel vor das große Kreuz gelegt. Wenn die Situationen in der Welt in der Einführung vorgestellt werden, stehen er-

höht sieben brennende Kerzen vor dem Ambo und nach jedem Abschnitt wird je eine ausgeblasen. Am Ende werden diese sieben Kerzen zu den Kerzenstummeln vor dem Kreuz abgestellt.
Ein großes, schwarzes Tuch hängt hinter dem Kreuz.
In der Osternacht stehen bei der Osterkerze die Osterkerzen der letzten Jahre oder andere große Kerzen. Am Anfang brennt nur die neue Osterkerze. Beim Hören der Heilsgeschichte wird nach jeder Lesung eine weitere Osterkerze aus den früheren Jahren angezündet.
Im Hintergrund ersetzt ein gelbes Tuch das schwarze.

Einführung und Predigt zu Karfreitag

Einführung

S 1: Wir sind gekommen und halten inne. Wir besinnen uns auf die dunklen Momente in unserem Leben und in der Welt und bringen diese Seiten vor Gott.

S 2: Tschernobyl und Fukushima sind zu Worten für Tod und Ohnmacht gegenüber Naturgewalten geworden. Sie stehen für technische Errungenschaften, die sich gegen den Menschen wenden.
Im Wald sehen wir das frische Grün des Frühlings, aber es beschleicht uns auch die Sorge: Kann ein Regen wie nach Tschernobyl Radioaktivität bringen?

Eine Kerze vor dem Ambo wird ausgeblasen.

S 2: Unsere Technikgläubigkeit und Selbstüberschätzung bringen wir in Werbesprüchen zum Ausdruck wie »Nichts ist unmöglich«. Was lässt uns da noch innehalten?

Eine Kerze vor dem Ambo wird ausgeblasen.

S 2: In Syrien herrscht Krieg. Auch wir sind beteiligt, als Zuschauer, NATO-Mitglied, Waffenlieferant. Wir greifen ein und verstricken uns. Was ist richtig, wie geht es weiter?

Eine Kerze vor dem Ambo wird ausgeblasen.

S 1: Die Finanzmarktkrise ist bei alledem etwas aus dem Blick geraten. Die Gier nach Gewinn ist an der Tagesordnung. Machen wir hier mit »Geiz ist geil« einfach weiter so wie immer?

Eine Kerze vor dem Ambo wird ausgeblasen.

S 2: Auch als Kirche erleben wir die Spannung zwischen Neues wagen und ängstlichem Bewahren. Wir erleben, dass verschiedene Themen nicht diskutiert und überfällige Entscheidungen nicht getroffen werden. Wo bleibt der Mut?

Eine Kerze vor dem Ambo wird ausgeblasen.

S 1: Es gibt unsere kleinen, persönlichen Katastrophen. Persönliche Verluste, wo wir nicht mehr weiterkommen und am Ende sind, wenn wir z. B. einen lieben Menschen verlieren. Wie finden wir zurück ins Leben?

Eine Kerze vor dem Ambo wird ausgeblasen.

S 2: Wir alle kommen einmal an den Punkt, wo es zu Ende ist. Neues Leben ist eine Hoffnung, aber auch eine Erfahrung. Wir erleben Krisen als ein Durchgehen zum Neuwerden. Gilt das auch für den Tod?

Eine Kerze vor dem Ambo wird ausgeblasen.

Predigt

Der Karfreitag ist ein Tag, der nicht so recht in unsere moderne Welt passt.
Und er ist ein Tag, der mehr denn je notwendig ist, weil er widerständig erscheint.
Ein Teil unseres alltäglichen Lebens ist davon geprägt, Leid zu vermeiden. Jedes Verkehrsschild, jede Sicherheitsvorschrift erzählt davon. Sie helfen Leben zu schützen. Das ist gut. Und doch gibt es so viel Leid in der Welt.
Einmal im Jahr, am Karfreitag, stellen wir uns der ganzen Wucht dieser dunklen Seite des Lebens: der Finsternis. Wir schauen auf das persönliche Leid und auf all das, was in der Welt passiert und uns nicht kaltlassen kann und oft sprachlos macht. Wir stellen uns dem Thema, unabhängig davon, wie stark ich als Einzelne oder Einzelner betroffen bin.
Denn es gibt ja auch die andere Seite des Lebens, die wir oft die Sonnenseite nennen. Das sind ohne Wertung andere Fragen und Themen. Da geht es um Glück und Erfolg, um Freiheit und Selbstbestimmung. Es geht um Anerkennung und ein erfülltes Leben, das doch alle Menschen ersehnen.
Im Blick auf Jesus findet sich diese Seite auch:
Er kommt bei den Menschen an.
Er findet Frauen und Männer, die sich ihm anschließen, die seine Botschaft weitertragen. Man findet ihn bei Hochzeiten und Festmählern.

Er sucht seinen Weg. Er ist ein Gottsucher, er betet und meditiert.
Er spürt seine Kraft in der Auseinandersetzung mit seinen Gegnern.
Er begegnet Unrecht und Krankheit und wird für viele zum Heiland.
Sie wollen ihn zum König machen. Das wäre der klassische Weg des Aufstiegs.
Jesus aber geht seinen Weg. Er bleibt auf der Seite der Armen und Schwachen, die der Gewalt und dem Unrecht ausgesetzt sind. Er bleibt nicht in Distanz. Das führt ihn selbst mitten hinein in Leid und Tod. Das geht auch für ihn nicht einfach so leicht. Wir werden Zeugen, wie er mit diesem Weg des Abstiegs auch Mühe hat. Noch am Ölberg verhandelt er, fragt, ob es nicht doch einen anderen Weg gibt.
Wir wissen, dass Jesus Bilder und Vorbilder hatte:
Das Lied vom Gottesknecht beim Propheten Jesaja, der das Leid auf sich nimmt.
Er kennt die Psalmen, die Gottes Lob singen, aber auch die Erfahrung der Gottverlassenheit benennen.
Er kennt die Hoffnung auf die Auferstehung aus dem Tod.
Doch wenn man mittendrin ist, erscheint das alles oft weit weg. Es ist ein Ringen und Verhandeln. Schließlich sagt Jesus: Vater, dein Wille geschehe. Was dann geschieht, ist grausam.
Das Leiden Jesu, das Leid der Welt insgesamt wirft immer wieder die Frage nach dem Warum auf. Warum lässt Gott das zu? Natürlich ist die Rückfrage berechtigt: Was tun wir Menschen, um Leid zu verhindern oder wenigstens zu mildern? Was ist unser Teil der Verantwortung, wenn man auf eine Katastrophe wie in Japan schaut? Aber bei einem Erdbeben oder einem Tsunami ist die Frage: Wer ist dafür verantwortlich? Diese Frage muss offen bleiben. Es ist die Frage nach Gott. Und doch ist er nicht dazu da, uns die Welt zu erklären, so sehr man sich das auch wünschen mag, ja so sehr man sich auch daran stößt. Als Christen glauben wir, dass Gott einen anderen Weg gegangen ist. In Jesus ist er den Weg der Menschen gegangen. In ihm redet er uns zu Herzen, dass wir Güte setzen sollen an die Stelle von Gewalt und Mitgefühl mit den Schwachen anstelle von Gleichgültigkeit.
Jesus erklärt nichts. Er geht den Weg des Abstiegs, um mit denen solidarisch zu sein, die unten sind. Jesus sagt in seiner Hingabe, dass er gerade im Leid mit uns auf dem Weg ist. Wir sind nicht allein.
Deshalb schauen wir am Karfreitag auf den Schmerzensmann am Kreuz und tragen vor ihn unser Leid und das der Welt. Wir tun es im Vertrauen, dass Verwandlung geschieht, dass die Kraft der Hingabe und der Liebe sich auch heute als stärker erweist als der Tod. Der Karfreitag ist notwendig, weil er einen Raum eröffnet für die Hoffnung, die das Leid nicht verdrängt, sondern verwandelt.

»Erschütterungen«

Material und Vorbereitung

- Drei aus senkrecht stehenden Ziegelsteinen gebaute Türme werden jeweils auf ein Brett gestellt, das bei der Einleitung angehoben wird, um den Turm zum Einsturz zu bringen.
- Eine entsprechende Unterlage soll den Boden schützen.
- Zettel und Bleistifte verteilen
- Für die Osternacht Pflanzen in unterschiedlichen Phasen des Wachstums, Zwiebeln, blühende Blumen, knospende Zweige in den Trümmern verteilen.
- großes gelbes Tuch

Die Idee

Erdbeben häufen sich weltweit. Erschütterungen im kirchlichen wie im schulischen Bereich sind die Missbrauchsfälle und damit zusammenhängend ein großer Vertrauensverlust. Im politischen Bereich führen die Finanzkrise mit der einhergehenden Profitgier und der Klimawandel zu Verwerfungen.
Was lässt Leben neu wachsen?

Bild und Aktion

Am Karfreitag werden die Erschütterungen durch Erdbeben, wie auch Erschütterungen in anderen Bereichen des Lebens thematisiert und durch das Umfallen von aufgetürmten Ziegelsteinen erfahrbar gemacht. Das Geräusch soll durchaus wahrnehmbar sein.
Die Zettel mit den persönlichen Anliegen werden zwischen die Trümmer gesteckt.
Das Osterbild erinnert daran, dass nicht alles auf Knopfdruck wieder hergestellt werden kann. Die Trümmer bleiben erst einmal. Dazwischen aber zeigt sich neues Leben. Ein gelbes Tuch, das unten zusammengebunden ist, erinnert an das Licht, das von oben kommt.

Einführung und Predigt zu Karfreitag

Einführung

S 1: Jeden Tag erreichen uns bestürzende Nachrichten. Es kommt zu Brüchen und Verwerfungen. Erschütterungen reißen uns den Boden unter den Füßen weg. Ohne Vorwarnung stürzt alles ein. In Bruchteilen von Sekunden ist viel zerstört. Bilder von den Erdbeben an verschiedenen Orten der Erde bewegen uns immer wieder. Wir starren in den Fernseher und wissen, dass durch die Erdstöße in wenigen Sekunden tausende Menschen alles verloren haben. Viele auch ihr Leben.

Ein Turm aus senkrecht stehenden Ziegelsteinen auf einem Rollbrett wird umgestoßen.

S 2: Die unersättliche Zockermentalität verantwortungsloser Börsenbanker gefährdet viele Sparer in ihrer Existenz. Alterssicherungen, Anlagen, Absicherungen: Innerhalb von Minuten sind sie wertlos.

S 1: Beim U-Bahnbau in der Stadt Köln stürzt das Archiv ein. 80 % des berechneten Stahls sind nicht eingebaut worden, sondern wurden an einen Schrotthändler verhökert.
Muss eine eigene Skala erfunden werden, um solche Auswüchse messbar zu machen? Wie hoch wird der Zeiger auf der Richterskala der Maßlosigkeit und Profitgier noch ausschlagen?

Ein Turm aus senkrecht stehenden Ziegelsteinen auf einem Rollbrett wird umgestoßen.

S 2: Strukturveränderungen in der Kirche hin zu größeren Seelsorgeeinheiten, weniger Pfarrer, zusammengelegte Pfarrgemeinderäte, rationalisierte Seelsorge … vieles Gewohnte und Bewährte bricht weg. Was machen Kinder, behinderte und alte Menschen in diesen größeren Strukturen? Wo bleibt meine Gemeinde vor Ort? Werden wir obdachlos, weil ein Erdbeben das geistliche Haus zum Einsturz bringt?

S 2: Die vielen Missbrauchsfälle, die bei uns und in anderen Ländern aufgedeckt wurden, rütteln am Vertrauen in die Kirche und die Schulen. Hilflos erleben wir die, die damals oder heute in Leitungspositionen dafür Mitverantwortung tragen. Mit nichts können sie das System aus Vertuschen und Verheimlichen rechtfertigen, das die Opfer bis heute allein lässt.

Ein Turm aus senkrecht stehenden Ziegelsteinen auf einem Rollbrett wird umgestoßen.

S 1: Wir laden Sie jetzt ein, Ihr persönliches Leid und Ihre Erschütterungen dazuzulegen oder auch Situationen, in denen Sie mitleiden. Wir laden Sie ein, dies auf die Zettel zu schreiben und sie in die Trümmer zu stecken.

Predigt

Der Karfreitag ist für viele eine Störung. Er passt nicht in den üblichen Ablauf. Unser Alltag ist davon bestimmt, alles zu tun, damit Leben gelingt, Sicherheit entsteht und Freude erlebbar wird für uns und andere. Das ist gut so.
Doch trotz aller Ideen und Anstrengungen gibt es immer wieder Erschütterungen, Ereignisse, die uns plötzlich bedrängen, ja über uns hereinbrechen. Das Stichwort Erdbeben steht natürlich für eine Naturkatastrophe, die Leid und Tod mit sich bringt. Aber wenn Leid und Tod in unseren Alltag einbrechen, hinterlässt das oft

auch Trümmer. Da sind Wunden und Schmerzen und manche lebendige Beziehung ist zerstört. Das kennen wohl alle.
So verstehen Sie wohl auch das Bild, das vor uns liegt: die zusammengefallenen Ziegelsteine.
In der Vorbereitungsgruppe haben wir uns gefragt: Wie muss dann das Osterbild aussehen? Was ist das Gegenstück zu Erschütterung und Zerstörung? Im Kino kann man den Film rückwärts laufen lassen und alles fügt sich wieder an seinen Platz. Das trifft ganz gut unsere Sehnsucht. Könnte man es doch ungeschehen machen, die Zeiger zurückdrehen! Aber ist das Ostern, ist so das Leben, das wir erhoffen?
Nach dem Erdbeben in Haiti war innerhalb von Stunden die ganze Welt informiert. Erste Hilfslieferungen wurden organisiert und Spenden gesammelt. Nach drei Tagen waren die Nachrichten dann davon geprägt, dass vieles nicht funktioniert, alles viel zu lange dauert, nichts vorangeht. Was hat die Welt, was haben wir erwartet?
Das Leben braucht Zeit! Die Pflanzen, die Blumen wachsen, sie sind nicht plötzlich da. Die Kinder wachsen und brauchen Zeit, bis sie erwachsen sind. Gesund werden braucht Zeit. Das Universum ist in Jahrmillionen geworden. Manchmal ist es schwer zu ertragen: Leben ist Wachsen und braucht Zeit.
Auf diesen Prozess des Wachsens hat Gott sich eingelassen. Jesus hat nicht eine einmalige Erscheinung gemacht, die so gewaltig ist, dass alle erschüttert sind. Er hat sich in den Lebensprozess eingelassen, das heißt, er setzt sich dem aus, was das Leben an Freuden und Erschütterungen mit sich bringt. Hier die Hochzeit von Kana – dort der Tod seines Freundes Lazarus. Er lebt in der politisch schwierigen Situation der Besatzung durch die Römer. Er gibt keine Erklärungen angesichts all der Kranken und Leidenden.
Jesus geht einen anderen Weg. Er gibt sich hinein in das Leben bis ins Äußerste. Verraten und verkauft stirbt er einen qualvollen Tod.
Hier geht es nicht um Verstehen. Hier geht es um Hinschauen und auf sich wirken lassen, sich berühren lassen. Wir schauen heute auf Jesus *und* auf unser Leben. Indem wir versuchen, beides zusammenzubringen, entsteht eine neue Sicht: Aus Hingabe und Solidarität
kann Trost werden, nicht allein zu sein,
kann Bestärkung werden, sich einzusetzen und zu kämpfen,
kann eine Kraft erwachsen, Schweres zu ertragen.
Immer aber geht es eigentlich um das Leben, das größer ist als alles Leiden und Sterben, weil das Leben von Gott kommt. In diesem Vertrauen können wir uns der »Störung« aussetzen, die der Karfreitag und das Leben uns zumuten.

»Aus Scherben entsteht Neues«

Material und Vorbereitung

- Korb mit vielen verschiedenen Scherben aus Ton und buntem Glas
- Zettel und Bleistifte für die am Gottesdienst Teilnehmenden verteilen
- Glasplatte mit Rahmen
- Scherben werden mit Heißkleber auf der Glasplatte zu einem neuen Bild aufgebracht
- große Äste, frische grüne Zweige und Blumen

Die Idee

Scherben begleiten die Menschheit seit ihren Anfängen. Für Archäologen sind Ton- und Glasscherben Zeugnisse menschlicher Siedlungen. Aber nicht nur Dinge gehen zu Bruch. Auch Beziehungen zerbrechen. Von manchen Hoffnungen und Visionen bleiben nur Bruchstücke übrig. Diese Grunderfahrung greift das Bild vom Karfreitag auf.

Bild und Aktion

In der Einführung werden Situationen von Unfrieden, Unheil und zerbrochenen Hoffnungen benannt. Dazu wird jeweils eine Scherbe vor dem Kreuz niedergelegt. Anschließend können auch alle Anwesenden ihre Erfahrungen auf einen Zettel schreiben und diesen zusammen mit einer Scherbe vor dem Kreuz ablegen. Dazu werden Körbe mit verschiedenen Scherben aus Glas und Ton bereitgestellt.

Für das Osterbild werden Scherben auf eine Glasplatte zu einem »neuen« Bild aufgeklebt. Damit wird sichtbar, dass aus Scherben Neues entstehen kann.

Große Äste mit frischem Grün und viele Blumen unterstreichen die Verwandlung zu einem neuen Ganzen.

Predigt zu Ostermontag

Die Geschichte von den Jüngern, die nach Emmaus gingen, ist ziemlich bekannt. Betrachten wir sie aber auf der Folie dessen, was uns die letzten drei Tage bewegt hat, bekommt sie neue Farbe.

Am Donnerstag haben wir uns an das letzte Abendmahl Jesu erinnert. Wir haben gefeiert, wie Jesus das Brot nimmt, es in Stücke bricht und teilt. Dann sagt er: Das ist mein Leib.

Hier die vielen Stücke, Bruchstücke, da der Leib Christi, der alles und alle verbindet.

Am Karfreitag wird mehr die Seite des Lebens angeschaut, die uns bedrängt: das, was zerbrochen ist, nicht heilen will und schmerzt, all das, was unvollkommen, eben bruchstückhaft ist.

Mit unseren Bruchstücken und Scherben sind wir vor Gott getreten. Wir haben betrachtet und gefeiert, dass Gott sich in seinem Sohn ganz in diese Situation eingelassen hat, bis hinein in diesen ungerechten Tod.

Und wir haben Ostern gefeiert. All die Bruchstücke und Scherben sind nicht einfach weg, aber es entsteht ein neues Bild, ein Ganzes. Eine Wandlung hat sich vollzogen.

Wir sind ein Stück Weg gegangen, wie die beiden Emmausjünger.

Was sie reden, worüber sie sich austauschen:

Da ist einerseits ihre Enttäuschung.

Andererseits gibt es diese verwirrende Nachricht der Frauen: Das Grab ist leer. Jesus sei auferstanden.

Auch die Hinweise aus der Heiligen Schrift, die Jesus auf dem Weg gibt, bleiben zunächst ein interessanter Aspekt, mehr nicht!

Erst die Erfahrung, wie Jesus das Brot bricht und es ihnen gibt, löst in ihnen eine Bewegung aus. Die einzelnen Bruchstücke ergeben jetzt ein neues Bild. Ja, sie sagen, irgendwie haben wir es schon gespürt. »Brannte nicht unser Herz, als er auf dem Weg mit uns sprach«, werden sie dann sagen. Aber dort auf dem Weg ging es irgendwie noch nicht. Da war so viel von Leiden die Rede. Es war einfach nicht recht denkbar, wie es gehen kann, wie man sich das vorstellen muss mit all den Scherben und Bruchstücken. Die beiden sind fixiert, gefangen, können nicht mehr sehen, was sonst noch ist.

Aber was ist denn nun so anders, nachdem sie ein Stück Brot gegessen haben? Das ist doch nichts Außergewöhnliches. Nein, das Brot ist etwas Alltägliches. Das Schlüsselwort heißt: Sie erkannten ihn am Brotbrechen. Sie erkannten ihn. In diesem Erkennen sind die Erfahrungen wieder wirklich, die sie mit Jesus gemacht haben. Sie erinnern sich, wie viele Menschen mit ganz unterschiedlichen Bruchstücken ihres Lebens zu Jesus gekommen sind. Er hat sie nicht weggeschickt so nach dem Motto:

Euch kann ich nicht brauchen für das Reich Gottes; macht euch erst mal fit. Nein er hat sie angenommen, ihnen sein ganzes Mitgefühl geschenkt. Er hat verkündet, dass alle einen Platz haben in diesem Größeren, dem Reich Gottes. Jesus hat ganz aus diesem Vertrauen gelebt. Das hat Menschen heil gemacht, aufleben lassen. Sie haben hier und jetzt schon etwas erfahren von dem, was wir Auferstehung nennen, neues Leben, das Gott schenken will.

In dem Stück Brot, das wir empfangen, berühren wir dieses neue Leben Gottes, den auferstandenen Herrn. Wir berühren die Hoffnung in unseren Herzen, dass Gott auch all das Bruchstückhafte meines Lebens verwandeln kann. Kann ich dem trauen, mich darauf einlassen? Jesus lädt dazu ein.

»Geknickter Baum«

Material und Vorbereitung

- ein geknickter Baum oder großer Ast
- ein Ständer
- Bilder, Zeitungsausschnitte etc. von Leid und Tod vorbereiten
- Zettel und Bleistifte verteilen
- Efeu und Blumen

Die Idee

Ein Baum ist geknickt und abgebrochen. Seine Wachstums- und Lebensmöglichkeiten sind damit zerstört. Für viele Menschen gibt es solche Situationen, in denen plötzlich etwas über sie hereinbricht, Perspektiven unmöglich macht, Leben massiv verändert. Der Tod ist die stärkste Erfahrung eines Abbruchs. Davor aber gibt es viele Erfahrungen von Enttäuschungen, Gewalt und Zerstörung, die das Leben belasten.

Bild und Aktion

Das Bild vom Karfreitag zeigt einen geknickten Baum, der in einem Christbaumständer o. Ä. aufgestellt ist. Bilder, die für die Erfahrungen von abgebrochenem Leben stehen, werden jeweils am Baum befestigt. Ebenso die Zettel der Gottesdienstbesucher.

Für Ostern wird mit viel Efeu und Blumen die Hoffnung auf das neue Leben zum Ausdruck gebracht.

»Sackgasse«

Material und Vorbereitung

- mehrere schwarze Tücher
- Sackgassenschild (selber gestalten oder beim Bauhof der Gemeinde ausleihen)
- Zettel und Stifte verteilen
- Stecknadeln bereithalten
- großes gelbes Tuch für die Osternacht
- Blumen und Grün

Die Idee

Immer wieder erleben Menschen Situationen, in denen sie an ihre Grenzen kommen und es einfach nicht weitergehen will. Die Erfahrung von Blockiert-Sein, sei es von außen oder durch die eigene Schwäche, löst Enge, Enttäuschung und Bedrückung aus. Dies geschieht individuell wie auch gesellschaftlich. Ungerechtigkeiten und politische Engstirnigkeit lassen viele verzweifeln oder aufgeben. Nicht nur der Tod erscheint manchmal ausweglos. Man läuft wie gegen eine Wand. Das Bild von der Sackgasse hat nicht nur im öffentlichen Verkehr seine Bedeutung.

Bild und Aktion

Am Karfreitag wird eine »Wand« aus dunklen Tüchern installiert. Davor wird ein Sackgassenschild aufgehängt. An den Tüchern können dann die Zettel der Gottesdienstbesucher mit Stecknadeln befestigt werden. Indem man das Kreuz auf das Sackgassenschild hängt, wird deutlich, dass die Sackgasse aufgehoben, »durchkreuzt« wird.

Im Osterbild werden die schwarzen Tücher geöffnet. Dahinter scheinen gelbe Tücher hervor, die für die Botschaft von Ostern stehen, dass der Tod nicht das Ende, sondern der Beginn eines neuen Lebens ist.

»Verstrickungen und Verknotungen«

Material und Vorbereitung

- Weltkugel aus Draht auf einem Ständer aufstellen
- verschiedene Seile in die Weltkugel verknoten
- Zettel und Stifte verteilen
- Für die Osternacht eine Strickleiter anfertigen und Blumen daran befestigen
- Blumen und Grün in die Weltkugel stecken
- einige Knoten lösen und Seile herabhängen lassen

Die Idee

Man kann es positiv und negativ erleben: Wir leben nicht isoliert, sondern sind auf vielfältige Weise miteinander verbunden und vernetzt. Unser Denken und Handeln geschieht auf dieser Basis. Unser Gehirn funktioniert so. Die Familie, die Gemeinde, der Verein brauchen diese Struktur ebenso wie der Welthandel. Manchmal aber »verknotet « sich etwas, man ist in etwas »verstrickt«, was einem die Luft zum Atmen abschnürt. Beziehungen oder Gespräche verknoten sich, führen zu Streit und manchmal bis zu Gewaltanwendung.

Bild und Aktion

Am Karfreitag steht eine Weltkugel aus Draht in der Mitte. Mit verschiedenen Seilen sind Verbindungen und Verknotungen angedeutet. Einzelne Seile hängen noch lose herab. Zu Beginn des Gottesdienstes werden verschiedene Situationen benannt, wo Menschen Verknotungen und Verstrickungen erleben. Nach jedem Abschnitt wird ein weiterer Knoten mit den losen Seilen hinzugefügt. Die Zettel der Gottesdienstteilnehmer mit ihren Erfahrungen können dann in die Knoten gesteckt werden. Für das Osterbild war folgender Gedanke leitend: Mit Seilen und gelösten Knoten kann man eine »Strickleiter« herstellen, die wir als »Himmelsleiter« gedeutet haben. Blumen und Grün wachsen aus den Verstrickungen heraus.

»Durch das Netz fallen und gehalten sein«

Material und Vorbereitung

- ein großes Netz aus dem Baumarkt, mit dem man Bäume gegen die Vögel abdeckt
- mehrere Steine bereithalten
- Zettel und Stifte verteilen
- Blumen und Grün für die Osternacht

Die Idee

Die Begriffe Netz und Netzwerk sind Bildworte, mit denen wir unsere Beziehungen und unser Gehaltensein zum Ausdruck bringen. Gleichzeitig wird in diesem Bildwort deutlich, dass die Maschen des Netzes auch einmal so weit sein können, dass etwas oder jemand durchfallen kann. Wenn wir von sozialen Netzen sprechen, ist immer wieder die Rede davon, dass Menschen durch die Maschen fallen, wenn die Absicherungen nicht greifen.

Bild und Aktion

Für den Karfreitag haben wir ein großes Netz aufgespannt. Wenn zum Beginn des Gottesdienstes Situationen genannt werden, wo Menschen durch die Maschen fallen, werden hörbar Steine durch das Netz geworfen. Dann können auch die Gottesdienstbesucher ihre Zettel mit ihren Erfahrungen ins Netz einflechten. Bei der Kreuzerhebung wird das Kreuz dazugestellt.
In der Osternacht stellen wir die Osterkerze dazu. Sie ist sichtbares Zeichen, dass Jesus nicht durch alle Maschen gefallen ist, sondern dass die Gegenwart Gottes ihn und damit auch uns trägt und hält.

»Dornenkrone«

Material und Vorbereitung

- ein großes Holzkreuz aufstellen
- ein Kranz aus dornigen Zweigen, evtl. mit Stacheldraht verstärkt
- Zettel und Stifte verteilen
- Efeu und Blumen für die Osternacht

Die Idee

Das Leiden Jesu in Jerusalem ist jedes Jahr millionenfach gegenwärtig im Leiden aller kranken, hungernden und von Krieg und Terror betroffenen Menschen. Jesu Passion ist noch nicht zu Ende, solange auf dieser Welt Menschen unter Angst, Unterdrückung und Misshandlung leiden, solange Menschen obdachlos sind, sich einsam und nicht verstanden fühlen.

Bild und Aktion

Für den Karfreitag haben wir ein großes Kreuz aus grobem Bauholz gewählt. Eine überdimensionale Dornenkrone aus geflochtenen Dornenzweigen, möglicherweise mit Stacheldraht verstärkt, steht stellvertretend für das Leid in der Welt.
Zu Beginn des Gottesdienstes werden Situationen von Leid und Tod benannt. Ein Zettel mit einem entsprechenden Stichwort wird jeweils in die Dornenkrone eingeflochten.
Dasselbe können auch die Anwesenden mit den Zetteln machen, auf die sie ihre Erfahrungen geschrieben haben.
Bei der Kreuzerhebung wird das Kreuz in die Dornenkrone gehängt: Jesus ist mitten im Leid der Welt gegenwärtig.
An Ostern bleibt die Dornenkrone, sie ist

aber mit frischem Grün umwunden: Zeichen unserer Hoffnung, dass immer wieder neues Leben entstehen kann. Die Osterkerze mit ihrem Licht steht dafür. Die knospenden Zweige und die Blumen verstärken diese Zeichen der Hoffnung.

»An der Klagemauer«

Material und Vorbereitung

- Backsteine für eine Mauer aufschichten
- Zettel mit aktuellem Leid der Welt vorbereiten
- Zettel und Bleistifte verteilen
- frisches Grün und Blumen für die Osternacht

Die Idee

Mit der Frage nach dem Warum von Leid und Tod stößt man immer wieder wie gegen eine Wand. Warum lässt Gott das Leid zu? Wäre Leben nicht auch anders möglich? Warum hilft Gott nicht, wenn man betet? Warum musste Jesus sterben, der doch nur Gutes getan hat? Mit all diesen Fragen stehen wir wie vor einer Mauer, einer Klagemauer.

Bild und Aktion

Am Karfreitag stellen wir eine Mauer aus Backsteinen in den Raum. Sie wird zur Klagemauer für das Leid in der Welt. Zettel werden mit aktuellen Situationen und Ereignissen von Leid und Bedrohung in der Welt beschriftet und zu Beginn des Gottesdienstes in die Klagemauer gesteckt.

Auch unser individuelles Leid, das jede und jeder auf Zettel schreiben kann, findet hier einen Ort. Das Kreuz wird dann dazugestellt zum Zeichen, dass Jesus diesem Warum nicht ausweicht.

Im Osterbild ist die Mauer noch da, aber sie ist aufgebrochen, nicht mehr undurchdringlich. Die Osterkerze steht in einer offenen Stelle. Frisches Grün und Blumen beleben die vorher starre Mauer.

»Begraben und auferstanden«

Material und Vorbereitung

- Boden mit Zeitungen auslegen
- große Flusssteine zu einem Grab aufhäufen
- Zettel und Bleistifte verteilen
- einen Korb mit Steinen bereitstellen
- für die Osternacht werden die Steine auseinandergeschoben zu einem leeren Grab
- ein weißes Leintuch und Palmzweige hineinlegen
- leuchtende Blumen und Grün dazu

Die Idee

Immer wieder werden wir im Leben von Gräbern begleitet. Es gibt die Gräber auf dem Friedhof. Es gibt aber auch die Gräber, in denen Hoffnungen und Träume, Gerechtigkeit und Frieden begraben sind. Das Grab ist auch der Ort der Auferstehung.

Bild und Aktion

Am Karfreitag wird aus großen Flusssteinen auf einem Podest ein großer »Grabhügel« errichtet. Das Podest wurde zuerst mit Zeitungen belegt, sodass aktuelle Bezüge herstellbar sind.

Wenn zu Beginn des Gottesdienstes einzelne Situationen benannt werden, wird immer ein weiterer Stein hinzugefügt. Die Gottesdienstteilnehmenden können ihr eigenes Leiden auf einen Zettel schreiben und mit einem Stein zum Steingrab bringen.

Das Kreuz wird nach der Kreuzerhebung mitten über dem Grabhügel, Golgota, errichtet.

Für Ostern wird das »Grab« geöffnet, das zurückgelassene weiße Tuch erinnert an die Auferstehung. Die Osterkerze, das Taufwasser und leuchtende Blumen sind weitere Symbole des neuen Lebens, das Gott schenken will.

»Aus Gefangenschaft befreit«

Material und Vorbereitung

- der Boden wird mit Zeitungen ausgelegt
- eine Baustahlmatte wird nach Möglichkeit auf einer Baustelle zu einem U gebogen
- Bilder und Texte mit Situationen von Leid und Tod vorbereiten
- Klebestreifen zum Befestigen der Bilder und Texte vorbereiten
- Zettel und Bleistifte verteilen
- Blumen und Grün für die Osternacht

Die Idee

Es gibt viele Situationen, in denen Orte oder Gegenstände Angst auslösen und Bilder von Leid hervorrufen: Die Dunkelheit in einem Tunnel oder die Gitterstäbe eines Gefängnisses oder eines Käfigs. Unfreiheit, Unterdrückung und Verzweiflung sind extreme Erfahrungen, die weltweit erlebt werden. Aber auch im persönlichen

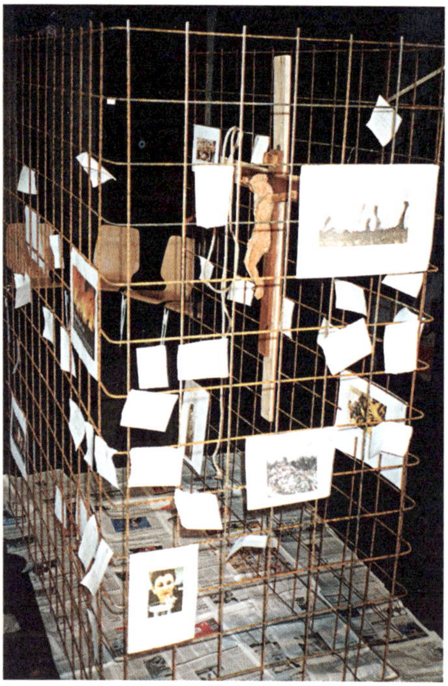

Erleben sind Gefühle wie Gefangen- und Gelähmt-Sein immer wieder Wirklichkeit, sei es durch die Erfahrungen einer Krankheit, sei es im Engagement gegen politische Entwicklungen und Entscheidungen.

Bild und Aktion

Für den Karfreitag wird eine Baustahlmatte zu einem U gebogen und auf ausgelegte Zeitungen gestellt, die über aktuelle Geschehnisse berichten.
Zu Beginn werden mit Bildern und Zeitungsauschnitten Situationen von Leid und Tod benannt und an die Gitterstäbe geheftet. Die am Gottesdienst Teilnehmenden können auf Zetteln ihre eigene Erfahrung notieren und dann am Gitter anbringen. Das Kreuz wird nach der Kreuzerhebung ebenfalls am Gitter befestigt. Hier findet dann auch die Kreuzverehrung statt.
In der Osternacht wird das Gitter so gedreht, dass die Öffnung nach vorne weist. Die Osterkerze steht in dieser Öffnung als Zeichen von Befreiung und Hoffnung. Blumen und Grün sind Zeichen der Überwindung von Gefangensein und Angst.

»Zersplitterter Baumstamm«

Material und Vorbereitung

- zersplitterter Baumstamm
- Lattenkreuz
- Zettel und Stifte und Holzsplitter verteilen
- Blumen und Grün für die Osternacht

Die Idee

Es sind nicht immer nur äußere Naturgewalten und Kriege, die in kurzer Zeit eine große Verwüstung anrichten können. Verletzende Äußerungen, aber auch zerstörerische Strukturen können Leben auslöschen oder doch stark beschädigen.
Die Zerstörung hat nicht das letzte Wort. An Ostern feiern wir die Lebenskraft der Schöpfung.

Bild und Aktion

Am Karfreitag wird ein vom Sturm zersplitterter Baumstamm zum Bild für all das zersplitterte und beschädigte Leben, das Menschen umgibt. Die Anwesenden bekommen zu Beginn einen Holzsplitter und einen Zettel, um ihre eigenen Erfahrungen aufzuschreiben. Die Zettel werden dann auf einem Lattenkreuz befestigt. Dieses wird vor dem Baumstamm aufgestellt.

Bei der Kreuzerhebung wird das Kreuz auf das Lattenkreuz gehängt.

Zur Kreuzverehrung können die Gottesdienstteilnehmer ihren Holzsplitter vor dem Kreuz ablegen.

In der Osternacht wird die Osterkerze zum Kreuz-Baum gestellt als Zeichen dafür, dass nicht nur die Zerstörung eine Wirklichkeit ist, sondern auch das neue Leben des Auferstandenen.

Quellen

Texte:

Hesse, Hermann: Frühling, aus: Ders., Sämtliche Werke in 20 Bänden. Herausgegeben von Volker Michels. Band 10: Die Gedichte, © Suhrkamp Verlag Frankfurt am Main 2002. Alle Rechte bei und vorbehalten durch Suhrkamp Verlag Berlin.

Psalm im Jugendkreuzweg: »Geborgen ist mein Leben in Gott«, aus: Agendenergänzung »Lob sei Dir«, Kirche im Krankenhaus, Schorndorf.

Rotzetter, Anton: Lobpreis über das Wasser, aus: Ders., Gott, der mich atmen lässt. Gebete, © Verlag Herder, Freiburg im Breisgau 1985, S. 103.

Schillebeeckx, Edward: Hochgebet, aus: Ders., Christus und die Christen. Die Geschichte einer neuen Lebenspraxis, © für die deutsche Übersetzung, Verlag Herder, Freiburg im Breisgau 1977, S. 832 ff.

Uhland, Ludwig: Frühlingsglaube, aus: Ders., Gedichte. Ausgabe letzter Hand, CreateSpace Independent Publishing Platform 2013.

Für das Zwiegespräch im Gottesdienst zu Palmsonntag wurden Ideen aufgenommen aus einer Vorlage des Seelsorgebereichs Bergheim: https://bit.ly/2NgcrbQ
Für den Kinder- und Jugendkreuzweg hatten wir am Beginn 1999 eine Vorlage aus dem Kindergottesdienstkreis der Gemeinde »Herz Jesu« in Singen am Hohentwiel, die wir immer wieder überarbeitet haben.

Fotos:

Alle Fotos auf den Innenseiten: © Sigrid Striet / Konrad Irslinger

Gemälde:

Jesus fällt unter dem Kreuz: Ausschnitt aus dem Gemälde eines norditalienischen Malers des 17. Jahrhunderts, Öl auf Kupferplatte, 25 × 21 cm

Vignetten:

S. 19 – Krone, Zepter, Königsmantel, Schwert: © Thinkstock, Daria_Andrianova
S. 20 – Gesichtskonturen: © Thinkstock, rudall30
S. 21 – Herz: © Thinkstock, Daria_Andrianova
S. 21 – Hände: © Thinkstock, nidwlw
S. 21 – Brot: © Thinkstock, robodread
S. 21 – Sonne: © Thinkstock, PrettyVectors

Downloadmaterialien

Sie finden alle Inhalte dieses Buches (siehe Inhaltsverzeichnis) sowie zusätzlich die Vignetten für den Gottesdienst zum Palmsonntag einzeln und im DIN-A4-Format zum Ausdruck zum Download unter:

www.herder.de/extras

Zu dieser Seite leitet Sie auch folgender QR-Code:

Geben Sie dort die ISBN 978-3-451-38383-0 und Ihre E-Mail-Adresse ein, um zu den Downloads zu gelangen.

Wenn Sie Fragen haben, wenden Sie sich bitte an:

kundenservice@herder.de